Pierluigi Romeo di Colloredo

I *Goumiers* in Italia.

LAZIO 1944:
REALTA' E LEGGENDA DEI PIU' FAMIGERATI
COMBATTENTI DELLA CAMPAGNA D'ITALIA.

IL *CORPS EXPEDITIONNAIRE FRANÇAIS*
CONTRO I CIVILI.

STORIA

ISBN: 9788893273862 prima edizione Ottobre 2018

SPS-044: I Goumiers in Italia - Lazio 1944: realtà e leggenda dei più famigerati combattenti della campagna d'Italia

by Pierluigi Romeo di Colloredo Mels.

Editor: **Luca Cristini Editore** per i tipi di Soldiershop serie Storia - Cover & Art Design: Luca S. Cristini.

Et demain nous saurons tuer
Les pourceaux qu'Allah a jetés
Sur la terre pour faire admirer
Les tabors *et les* goumiers.
...
Nous ne croyons qu'en la chanson
De nos couteaux prêts à tuer.
Nous ne croyons qu'en nos razzias
Sur les meskines *et les* mehallas.

Le chant des Tabors.

"Tutti si aspettavano cose straordinarie da questi alleati, appunto come dei santi; e tutti erano sicuri che col loro arrivo la vita non soltanto sarebbe ritornata normale ma anche molto migliore del normale"

(Alberto Moravia, *La ciociara*, 1957)

Pagina precedente. Distintivo del 2ᵉ *Groupe de Tabors Marocains;* il 2ᵉ GTM non prese parte alla campagna d'Italia, ma dopo aver partecipato alla riconquista della Corsica combattè nel giugno 1944 durante l'occupazione dell'Isola d'Elba.

Pierluigi Romeo di Colloredo Mels è nato a Roma nel 1966.

Archeologo e storico militare, è autore di numerosi lavori sulla storia delle due guerre mondiali e dei conflitti del periodo interbellico, Etiopia e Spagna, e delle unità della MVSN argomento del quale è considerato uno dei massimi esperti a livello internazionale.

A lungo appassionato di ricostruzione storica e *living history*, si è occupato dei *Fallschirmjäger* con il Gruppo di R.S. *Italia 1943-45*, e in quest'ambito oltre ad acquisire una conoscenza diretta dei luoghi della battaglia di Cassino ha potuto incontrare molti tra gli ultimi reduci delle due parti.

Tra i suoi ultimi lavori ricordiamo *Camicia Nera! Storia delle unità combattenti della Milizia Volontaria Sicurezza Nazionale dalle origini al 25 luglio*, Südfront. *Il Feldmaresciallo Albert Kesselring nella campagna d'Italia 1943- 1945, Am Arsch den Welt. Le quattro battaglie di Cassino, 1944.*

Collabora con le riviste *Nova Historica, Storia in Rete, Ritterkreuz* e *Il Primato Nazionale*.

Un *goumier*, 1944
(coll. Colloredo)

INDICE.

PREMESSA

Adesso lui mi stava sopra; e io mi dibattevo con le mani e con le gambe; e lui sempre mi teneva fissa la testa a terra contro il pavimento, tirandomi i capelli con una mano; e intanto sentivo che con l'altra andava alla veste e me la tirava su verso la pancia e poi andava tra le gambe; e tutto a un tratto gridai di nuovo, ma di dolore, perché lui mi aveva acchiappato per il pelo con la stessa forza con la quale mi tirava i capelli per tenermi ferma la testa...

Così Alberto Moravia, ne *La ciociara*[1], descrive lo stupro della protagonista da parte di quelli che per la popolazione ciociara restano ancora i *marruchini*.

E' una delle poche tracce nella memoria collettiva italiana, soprattutto grazie al film che ne fu tratto da De Sica con Sophia Loren, di uno dei più gravi crimini di guerra, nascosto perché opera di quelli che qualcuno ancor oggi si ostina a chiamare *liberatori*, ma che erano e si consideravano, nemici.

Dalle violenze esercitate sui civili nel Basso Lazio nel 1944 è nato anche un verbo, *marocchinare*, così definito nel *Dizionario Treccani*:

marocchinare v. tr. [der. di *marocchino*]. – Sottoporre a stupro, a violenza carnale, con riferimento agli episodî di violenza compiuti dai soldati marocchini nei confronti delle popolazioni dell'Italia centr. e merid. durante l'ultimo periodo della seconda guerra mondiale: *sopraggiunse la guerra con i suoi Marocchini ... E Maria Giuseppa fu, appunto, «marocchinata»* (Landolfi).

Ancor oggi è un argomento poco conosciuto, tanto in Francia, per gli ovvi motivi facilmente immaginabili, che in Italia, dove la storia dei fatti compiuti dalle truppe del *Corps expéditionnaire français d'Italie* è stata ammantata di leggenda e gonfiata a dismisura, rendendo più facile alla storiografia transalpina di ridicolizzare realtà tragiche e sconvolgenti a causa proprio dell'approssimazione, delle gonfiature e delle pure e semplici invenzioni riportate da certa divulgazione.

Abbiamo cercato di fornire uno studio serio e storicamente corretto, basato anche sulle ricerche d'oltralpe, *in primis* quella di Julie Le Gac, autrice di un'opera fondamentale, non a caso intitolata *Vaincre sans gloire. Le Corps expéditionnaire français en Italie (novembre 1942-juillet 1944)*[2], che, a riprova di come le posizioni non siano sempre manichee, ha ricevuto il *Prix* del Ministero della Difesa Nazionale, opera che sulla base di una documentazione inoppugnabile fa giustizia sia delle minimizzazioni transalpine che delle gonfiature italiane, stabilendo una cifra assai elevata, che noi per i motivi che esporremo riteniamo corretta a grandi linee, di cinquemila stupri ad opera del *Corps expéditionnaire français*.

---

[1] 1a ed. Milano 1957
[2] Paris 2013.

Riportare le cifre corrette non è un atto di mancanza di rispetto verso le vittime di un crimine di guerra, uno dei molti commessi dai francesi: non solo gli stupri, ma anche omicidi, saccheggi, danneggiamento di proprietà, ancora più gravi perché commesso da appartenenti all'esercito di una nazione che aveva firmato tutte le convenzioni internazionali, e che quindi costituivano crimini contro le leggi francesi.

Per dimostrare l'approssimazione che in Italia circonda l'argomento, diremo solo che su *wikipedia* alla voce "marocchinate" la bibliografia consta solo di due titoli, il romanzo di Moravia e *Marocchinate* di Stefania Catallo[3], che al di là della raccolta di alcune commoventi testimonianze- peraltro con i nomi cambiati- non è però, né intende essere, un'opera storica, connotata ideologicamente; la sinossi costituisce un utile riassunto di quanto comunemente si legge sull'argomento:

Questo libro propone le testimonianze di sei delle quasi ventimila donne che durante la Seconda Guerra mondiale subirono, nella zona del Basso Lazio, stupri e vessazioni da parte dei *goumiers* al seguito della V armata del generale Juin [sic! Juin comandava il CEF, non la 5ª Armata statunitense del gen. M. Clark, ndA]. I racconti sono stati raccolti dalla voce diretta delle interessate, sia in forma orale, quando non dialettale, sia in forma scritta. Il destino delle donne che subirono queste aggressioni fu quello di essere emarginate all'interno delle loro comunità. Molte morirono per le malattie contratte, alcune si suicidarono, altre furono psichiatrizzate, altrettante emigrarono per sfuggire a un contesto diventato insostenibile. Così come questi atti vennero definiti "marocchinate", con una generalizzazione che ha gettato uno stigma sui marocchini per prendere le distanze da una violenza che storicamente fu avallata dai comandi alleati, "marocchinate" divennero pure le donne della Ciociaria che quella violenza avevano subìto. Si vuole con questo libro commemorarle, restituendo la dignità della loro esperienza, come si vuole, proponendo gli atti parlamentari relativi a queste vicende, ristabilire la memoria di una parte taciuta della storia del nostro Paese.

Il lavoro inizia con il proclama apocrifo, di cui esistono versioni diverse tra loro, attribuito al generale Alphonse Juin che autorizzerebbe il saccheggio e lo stupro per cinquanta ore (il *vero* ordine del giorno di Juin, che pubblichiamo in questo lavoro, è completamente diverso!) e dà per attendibile la cifra di circa 20.000 stupri ad opera dei *goumiers*, cifra che come detto va ritenuta decisamente improbabile. Vedremo se e quanto queste affermazioni rispondano alla realtà storica.

Su *wikipedia* non è citato nessun altro testo di riferimento, malgrado la letteratura sul *Corps Expéditionnaire Français* e sui suoi crimini sia tutt'altro che scarsa. Gli uomini dei *Goums*, per certi autori, secondo i quali il CEF sembrerebbe formato solo da marocchini, sembrano non abbiano fatto altro nella campagna d'Italia che violentare e rapinare, senza sparare un colpo o svolgere una minima attività militare. Eppure la storia di questi irregolari è fatta anche di pagine che onorerebbero ogni esercito del mondo, oltre che di infamia. Da una parte delle

---

[3] Roma 2015.

Alpi i militari dei *Tabors Marocains* sono degli eroi della liberazione, *sans honte ni peu*r; dall'altra delle bande di razziatori e stupratori[4]. I *goumiers*- come gli altri combattenti del CEF- furono entrambe le cose: eroi e assassini, stupratori e valorosi. Si consideravano i figli di Annibale, e come tali si comportarono.

Regardez les goums qui passent
L'œil brûlant comme des loups.
Quoi qu'on dise, ou quoi qu'on fasse
Il faut bien compter sur nous.
Hannibal et sa légende
Ne sont plus qu'un bruit très lointain.

Del resto, da oltre settant'anni si ripetono accuse contro di loro che sono assolutamente infondate: per esempio a Esperia e Pontecorvo, teatri di stupri e saccheggi tra i peggiori commessi dal CEF, era presente la 3ª *Division d'Infanterie Algérienne* insieme ad unità della 1er *Division de Marche d'Infanterie*, ma non il GMT che era impegnato in un altro settore: le *marocchinate* lì semplicemente non furono fatte dai marocchini ma dagli algerini e probabilmente dai legionari della 13e DBLE[5].

Cifre ancor più alte delle *quasi ventimila donne* di cui parla Stefania Catallo sono quelle di Emiliano Ciotti, presidente dell'*Associazione Vittime delle "Marocchinate"* che nella sinossi al suo *"Le marocchinate". Storia di uno stupro di massa*, s.i.l., 2018 scrive di *oltre mille omicidi, 60.000 donne stuprate e ben 180.000 violenze carnali*. Dato che nel maggio del 1944 il CEF consisteva di 112.000 uomini, il 40% dei quali francesi, la cifra di 180.000 violenze carnali appare quantomeno assurda se non altro per motivi pratici e logistici, visto che i militari del CEF erano anche costantemente impegnati nel combattere ed inseguire i tedeschi in ritirata, ancora di più se come spesso, troppo spesso, accade, le violenze sono attribuite solo ai circa seimila *goumiers* (ricordiamo che le perdite del GTM furono di 2.980 uomini su 9.000).

Addirittura c'è stato chi ha attribuito stupri ai *goumiers* nell'area dei Castelli Romani, dove non passò nessun reparto del CEF, tantomeno gli uomini del GTM[6]!

Simili esagerazioni inficiano gravemente il lavoro di ricerca storica e la credibilità dei fatti, portando acqua al negazionismo ed al riduzionismo di taluni storici d'oltralpe, che dall'improbabilità di tali cifre e dal fatto di veder continuamente citato l'apocrifo ordine del giorno di Juin come autentico, traggono argomenti per mettere in dubbio o ridicolizzare, come fa Jean Charles Notin, la realtà delle

---

[4]E' curioso come i *goumiers* siano stati spesso definiti *truppe di colore* o anche *negri* nella memorialistica, quando si trattava di soldati reclutati esclusivamente tra le popolazioni berbere, non arabe, dell'Atlante, spesso con occhi azzurri e capelli chiari.

[5]*Demi- brigade de la Lègion Etrangère.*

[6]F. Giusti, "Gli stupri dei Goumiers ai Castelli. La storia nascosta e le violenze dei soldati marocchini", *Tuscolo*, n.182, 20/03/2013.

violenze. Si impone dunque uno studio serio e corretto che sia basato sui fatti concreti e non su cifre indocumentabili.

Questo libro cercherà di rispondere ad una serie di domande: cos'erano i *Tabors marocains* e chi erano i *goumiers* che li componevano, come erano inquadrati, qual era la disciplina di questi reparti irregolari- a differenza delle altre truppe nordafricane del CEF, tutte regolari- argomenti su cui la letteratura sulle *marocchinate* s'è soffermata poco o nulla (malgrado uno studio in italiano di F. Carloni[7]); se ci fu o meno repressione dei fenomeni di violenza da parte dei comandi francesi, quale fu la posizione ufficiale in merito, e infine quante furono effettivamente le violenze sulla popolazione civile, sulla base delle fonti italiane e francesi, *in primis* quelle della giustizia militare; non abbiamo potuto ovviamente fare a meno di chiederci perché siano avvenute tali violenze.

La risposta non piacerà agli apologeti della liberazione: per i francesi gli italiani non erano un popolo da liberare, ma erano fascisti, quelli del colpo di pugnale alla schiena, gli alleati dei tedeschi e gli occupanti della Provenza e della Corsica, che dovevano scontare queste *colpe*.

Fu una violenza mascheratamente ideologica in nome della *lotta al fascismo*. La storiografia francese lo ammette apertamente. Gli italiani restavano quelli del 1940: quando Umberto di Savoia passò in rivista il 1° Raggruppamento Motorizzato Italiano che combatté a Montelungo, Juin rifiutò di incontrare quello che per lui rimaneva il Comandante del Gruppo d'Armate Ovest durante la campagna di Francia del 1940.

In Italia non lo si deve dire: meglio far credere ad una brutalità insita nei maghrebini, come troppo spesso si deve leggere[8], e non ad una volontà ben precisa dei francesi di umiliare il nemico sconfitto. E tra gli stupratori i francesi furono numerosi, come provano anche gli atti processuali. Non furono solo i marocchini dei *goums* come troppo spesso s'è preteso.

Furono quelli che vennero chiamati *liberatori*, e che si definivano *ennemis*.

Del resto non furono gli unici stupri di massa compiuti sul fronte italiano, sebbene su scala inferiore: vanno ricordati quelli compiuti dagli statunitensi, soprattutto da G.I. appartenenti alla 92th *Buffalo*[9], e dai partigiani a fine guerra soprattutto, ma non solo, sulle ausiliarie della RSI, argomenti che meriterebbero studi approfonditi.

Per completare il lavoro, e permettere una migliore conoscenza dei goumiers e delle problematiche legate agli avvenimenti del 1944 nel Basso Lazio, in appendice al volume abbiamo riportato la riproduzione fotografica del rapporto del Comando Generale dell'Arma dei Carabinieri Reali circa le violenze commesse dalle truppe coloniali francesi contro la popolazione civile sull'Isola d'Elba, il

---

[7] F. Carloni, *Il corpo di spedizione francese in Italia*, Milano, 2006.

[8] Invece si dovrebbe usare il corretto *marocchini* giacché i reparti erano sempre denominati dall'area di reclutamento

[9] C. Fantozzi, "L'onore violato: stupri, prostituzione e occupazione alleata (Livorno 1944-47)", *Passato e presente*, a. XXXIV (2016), n. 99.

resoconto integrale della seduta parlamentare del 7 aprile 1952 con l'interpellanza alla Camera dell'on. Rossi sulle *marocchinate* con la risposta del Governo; alcuni canti dei *Tabors*, che con la crudezza delle parole illustrano meglio di molte pagine lo spirito e la mentalità di questi combattenti berberi tanto valorosi quanto spietati. Abbiamo ritenuto poi di pubblicare il proclama di Juin dell'undici maggio 1944 sia in francese che in traduzione italiana, ponendolo a confronto con quello a lui attribuito e che fin troppo spesso si vede riprodotto e preso per vero.

Pierluigi Romeo di Colloredo Mels,
agosto 2018.

Abbreviazioni e Glossario

A *Algèrien*, algerino, o *artillerie*.

AA antiaerea.

AI *Affaires Indigenes*.

CEF *Corps Expéditionnaire Français*, Corpo di Spedizione Francese denominato anche

CEFI *Corps Expéditionnaire Français d'Italie*, Corpo di Spedizione Francese in Italia.

DBLE *Dèmi- brigade de la Legion Etrangere*.

Degaullista soldato delle FFL; da non confondere con *gollista*, che fa riferimento alla parte politica del dopoguerra.

DIA *Division d'infanterie algerienne*.

DIC *Division d'infanterie coloniàle*.

DIM *Division d'infanterie marocaine*.

DMI *Division de marche d'infanterie*.

DMM *Division d'infanterie marocaine de montagne*.

EM *Etat Maior*, Stato Maggiore.

ENR Esercito Nazionale repubblicano (RSI).

Etendard, bandiera dei reparti di cavalleria.

F *Fusiliers*, fucilieri..

FM, *Fusiliers- marins*, fucilieri di marina.

FFL *Forces Françaises Libres, Forze francesi Libere,* i francesi degaullisti.

Fanion bandiera, da non confondere con il *drapeaux*, la bandiera tricolore; i *Tabors* non ebbero la bandiera tricolore sino al 14 luglio 1945.

GI fante statunitense (inf. da *Government Issue*)

Goum (dall'arabo *qūm*, ar. cl. *qaūm*, *tribù*, *popolo*) unità irregolare marocchina o algerina corrispondente grosso modo ad una compagnia.

GMM *Goums Mixtes Marocains*

GNR Guardia Nazionale Repubblicana (RSI).

Goumiers, abbr. *goums* militare di un *Goum*.

GTM *Group de Tabors Marocains*.

Koumia (La) associazione dei veterani dei *Tabors*, coaì denominata dal pugnale ricurvo simbolo dei *goumiers*.

M *Marocain,* marocchino, o *mixte*, misto.

Marsouin fante di marina.

R *Régiment*, reggimento.

RA *Régiment d'artillerie*.

RCA *Régiments de Chasseurs d'Afrique*, cavalleria corazzata.

RAFFL *Régiment d'artillerie des Forces Françaises Libre*.

RFM *Régiment de Fusiliers-marins.*
RSA *Régiment de Spahis algeriéns.*
RSM *Régiment de Spahis marocains.*
RSAR. *Régiment de spahis algériens de reconnaissance*
RTA *Régiments de tirailleurs algeriéns.*
RTM *Régiments de tirailleurs marocains.*
RTS *Régiments de tirailleurs senegalais.*
RTT *Régiments de tirailleurs tunisiens.*
SHAT *Service historique de l'Armée de Terre*, Ufficio storico dell'Esercito francese.
Spahis cavaliere delle truppe nordafricane.
T *Tunisien*, tunisino, o *Tirailleurs*.
Tabor (dal turco *tabūr*) unità irregolare marocchina, corrispondente ad un battaglione.
TD *Tank destroyer*, cacciacarri.
Tirailleur fuciliere leggero.

1.
C'est nous les Africains qui revenons de loin.
Le operazioni del *Corps expéditionnaire français* del gennaio 1944.

Pour le salut de notre empire
Nous combattons tous les vautours
La faim, la mort nous font sourire
Quand nous luttons pour nos amours
En avant ! En avant ! En avant !

Il battesimo del fuoco del *Corps expéditionnaire français d'Italie* sul fronte della linea *Gustav* si ebbe nel corso della prima battaglia di Cassino, svoltasi dal 12 gennaio al 12 febbraio 1944. I reparti francesi arrivarono nella zona delle Mainarde agli inizi di gennaio del 1944. La neve era già caduta, e i due eserciti dovevano affrontare un clima rigido ed umido.

Alla testa del CEF era il generale Alphonse Juin.

Juin, figlio e nipote di un gendarme, era un *pied- noir*, un francese d'Algeria, essendo nato il 16 dicembre 1888 a Bona, e non aveva una tradizione di comando in famiglia. Di lui è stato scritto che contrariamente ad un de Monsabert, ad un Lyautey, ad un Billotte o ad un Catroux, per nominare altri ufficiali del CEF, figli di ufficiali di carriera, provenienti da famiglie di militari, nulla sembrava destinare Alphonse Juin, figlio e nipote di gendarme, a diventare uno dei migliori generali francesi della Seconda Guerra Mondiale. Niente tranne l'intelligenza che farà di questo *pied-noir* del dipartimento di Costantina, un allievo di Saint-Cyr, nello stesso corso di Charles de Gaulle, il che non gli impedirà, nel 1940, di schierarsi con il regime collaborazionista del Maresciallo Petain ed il suo *Etat Français*.

Un legame che si ricucirà dopo il cambio di casacca di Juin nel novembre 1942, quando passò con gli alleati dopo lo sbarco anglo-americano nel Nord Africa francese, e che durerà anche quando il capo della Francia Libera diverrà, nel 1944 capo del Governo provvisorio, e, nel 1959, il primo presidente della Quinta Repubblica.

Dopo aver studiato all'*École spéciale militaire* di Saint-Cyr, allo scoppio della Prima guerra mondiale fu inviato sul fronte occidentale alla testa di un *Tabor* marocchino, dove, a seguito di una grave ferita, perdette l'uso di un braccio. Promosso colonnello, insegnò tattica alla Scuola di guerra e nel 1938 ritornò in colonia col grado di capo di Stato Maggiore generale e generale nell'Armata d'Africa.

Nel 1940, all'atto dell'attacco tedesco, si trovava in Francia con la 15a divisione nel settore di Dunkerque. Fatto prigioniero, fu rilasciato su richiesta di Petain ai tedeschi. Messo a capo dell'Armata coloniale di Vichy si arrese dopo una simbolica resistenza agli statunitensi nel novembre 1942 per poi passare a combattere le forze dell'Asse in Tunisia. Passato al comando del *Corps Expeditionnaire Français*, partecipò alle battaglie di Cassino contribuendo in modo decisivo allo sfondamento della Linea *Gustav*.

Dopo la guerra divenne capo di Stato Maggiore della Difesa nazionale e dal 1951 fu comandante per il Centro Europa della NATO. Morì il 27 gennaio 1967 a Parigi.

Il 10 gennaio del 1944 Juin emanò gli ordini per l'attacco generale dell'intero CEF.

Stabilito per il giorno 12, esso prevedeva:

a) La 2e DIM, rinforzata da una compagnia di carri *Sherman* e da un battaglione di M10 *Tank Destroyers* statunitensi, avrebbe dovuto superare il Rio Chiaro ed impossessarsi delle alture che lo dominano da ovest, ovvero Costa San Pietro, obiettivo del II battaglione dell'8e RTM. La stessa unità sarebbe stata rinforzata dai *goumiers* del 5e *Tabor* (Goums 41e, 70e e 71e) del *capitaine* Parlange e da due *Goums* (78e e 79e) dell'8e *Tabor* del *commandant* Aunis.

La quota 1025 costituiva l'obbiettivo del I e III battaglione dell'8° RTM; la costa a quota 1029 sarebbe stata l'obiettivo di due battaglioni del 5e RTM mentre il 4e *Regiment* si sarebbe lanciato contro la linea 1225- 1220 in prossimità dei "Gemelli".

L'attacco sarebbe iniziato prima dell'alba, tra le 6.00 e le 6.30.

Il 12 gennaio cominciò quindi l'offensiva, avente lo scopo di di travolgere le linee tenute dai tedeschi nella zona compresa tra Costa San Pietro e Acquafondata e sfondare la linea *Gustav* in direzione di Atina.

L'obiettivo iniziale era costituito dalle quote 1025 e 1029 a nord di Cardito e da Monte Monna Casale a sud.

Di fronte ai francesi era schierata la 305. *Infanterie- Division*, composta da soldati del Baden e del Wurttemberg, reduce da Stalingrado dove aveva subito forti perdite, da dove era stata trasferita in Italia ed era stata ricostituita dal suo comandante, generale Hauck.

I *goumiers* ed i fanti della 2e DIM attaccarono di sorpresa la Costa San Pietro, risalendo dal Rio Chiaro e dal fosso Verrecchia, con l'appoggio dei tiri dell'artiglieria piazzata sulla Catenella delle Mainarde. In un primo momento i nidi di mitragliatrici tedesche furono espugnati alla baionetta dai *goumiers* e dai *tirailleurs* e i marocchini occuparono la quota 1449. Il 13, a nord il 115. *Panzergrenadier- Regiment* passò al contrattacco: il III battaglione dell'8e RTM venne sottoposto ad incessanti contrattacchi sulla Costa San Pietro. Il primo iniziò in tarda mattinata, altri due o tre seguirono nel tardo pomeriggio. La situazione divennne critica verso le 16.00 tanto che il III battaglione, avendo subito ingenti perdite, chiese sostegno ai gruppi d'appoggio del 4e e 5e RTM.

Ciò permise ai *tirailleurs* marocchini di respingere gli attacchi tedeschi, ma gli effettivi delle compagnie ne furono dissanguati.

Il 14 gennaio 1944 la difesa tedesca perse d'intensità; la Costa San Pietro non venne più attaccata e le divisioni di de Monsabert e di Dody procedettero senza troppe difficoltà, soprattutto nel settore sud verso Vallerotonda e Sant'Elia Fiumerapido. IVallerotonda venne catturata durante il pomeriggio e le truppe marocchine del CEF si abbandoronano ad ogni sorta di efferatezze violentando diverse donne. Il tributo pagato da Vallerotonda durante la guerra sarà altissimo, 331 morti, 222 feriti e il 95% delle abitazioni distrutte. Cerreto, a meno di due chilometri da Sant'Elia Fiumerapido, cadde a fine giornata.

Nei giorni successivi i *Panzergrenadier* del 115. e gli *Jäger* scatenarono una serie di contrattacchi che non ebbero tuttavia successo. Tutte le alture circostanti (in particolare la Monna Casale, il Monte San Pietro, la Monna Acquafondata) furono attaccate dai marocchini e strenuamente difese dai tedeschi. Impressionante resta il rapporto tra perdite umane e valore effettivo delle località coinvolte. Al termine della battaglia, le truppe tedesche retrocessero di alcuni chilometri sulle postazioni della linea *Gustav* propriamente detta, ma il tentativo offensivo francese, pur avendo colto qualche successo territoriale, sostanzialmente fallì l'obiettivo principale.

L'asse dello sforzo principale del CEF adesso passò nell'area del Monte Belvedere, Caira e Terelle.

Per la durata di tre giorni il CEF ricostituì le proprie forze in vista di un'offensiva generale della 5a Armata contro la Linea *Gustav*. L'azione sarebbe stata effettuata contemporaneamente dal 2° Corpo d'Armata statunitense, che avrebbe attaccato sul Rapido nella zona di Sant'Angelo in Theodice, dal 10° Corpo d'Armata britannico che avrebbe effettuato il proprio sforzo sul Garigliano , ed infine dal CEF in direzione di Atina. Il piano di Juin prevedeva un'offensiva sull'asse Colle dell'Arena – Atina con la possibilità, in caso di sfondamento, di piegare verso sud per aggirare il Monte Cifalco e verso il settentrione per isolare il settore di San Biagio Saracinisco.

La 3e DIA, agli ordini del maggiore generale de Goislard de Monsabert cercava di attaccare sul fronte di Cassino per occupare Monte Belvedere, Colle Abate e Terelle. I combattimenti tra tedeschi e coloniali francesi vennero citati nel bollettino dell'OKW:

In Italia meridionale ad occidente di Venafro proseguono i violenti combattimenti difensivi. La località di Cervaro e un dorso montuoso a nord-est di essa sono andati perduti dopo dura lotta.

Alla vigilia dell'attacco Juin ordinò al al maggiore generale Goislard de Monsabert di definire ed attuare il piano di attacco verso gli obiettivi prestabiliti, nella speranza di sfondare le linee arretrate della *Gustav*.

Il piano di manovra di de Monsabert prevedeva di non attaccare nella parte bassa della valle, là dove il nemico si sarebbe aspettato e dove maggiori erano gli ostacoli da oltrepassare, bensì cercare più a nord, nella parte alta della valle, un punto di minor sorveglianza, la contrada Olivella, ad esempio, ai piedi di Monte Cifalco, e lì aprire una breccia nella Linea *Gustav* ed avanzare fino alla vetta del Belvedere. Mentre le truppe tunisine avanzavano lungo le pendici del Monte, le unità algerine avrebbero provveduto a "picchettare" il corridoio, proteggendo i loro compagni da un sicuro contrattacco.

In tal senso fu ordinato al 3e *Régiment de Fusiliers Algériéns* di proteggere il fianco destro dell'avanzata a monte della vallata del Rio Secco, mentre le unità corazzate del 3e *Spahis* al comando del colonnello Bonjour, ricevettero l'ordine di difendere il fianco sinistro, costituendo una barriera in prossimità del villaggio di Caira. Vennero così costituiti tre raggruppamenti: il 1er *Regroupement* del colonnello Roux, comandante del 4e *Régiment de Tirailleurs Tunisiens* (4e RTT), che, partendo dalle regioni dette Il Lago (quota 346) e Campo Piano (quota 502), sarebbe sceso a quota 70 del Rio Secco, avrebbe attraversato il torrente all'altezza dell'abitato di Olivella e risalito gli 800 metri di dislivello fino al Colle del Belvedere (quota 681) ed al Colle Abate (quota 913); il 2e *Regroupement* del tenente colonnello Gonzalez de Linarés, comandante del 3e *Régiment de Tirailleurs Algériens* (3e RTA), uno dei più gloriosi reggimenti francesi, i leggendari *Turcos* di Napoleone III, che avrebbe assicurata la copertura a nord del *Regroupement Roux*; infine il 3e *Regroupement* del colonnello Bonjour, comandante del 3e *Régiment de Spahis Algériens* (3e RSA) che a sua volta avrebbe assicurata la copertura del *Regroupement Roux* a sud.

Il 24 gennaio, alle ore 05:40 l'artiglieria del Gruppo Dunois aprì il fuoco e venti minuti più tardi alzò il tiro e dopo un bombardamento aereo che colpiva le postazioni tedesche di Olivella, Belvedere, Terelle e Belmonte, l'attacco ebbe inizio. Alle 7:00 gli uomini agli ordini del capitano Denée, comandante della 9a compagnia del III battaglione del 4e RTT, mossero all'assalto di quota 470, un'altura alle pendici di Monte Cifalco, che domina la strada per Belmonte. Dopo pochi metri dall'inizio dell'assalto, le mitragliatrici del 131.*Grenadierregiment* tedesco- o meglio, austriaco- della 44. *Reichsgrenadier-Division "Hoch und Deutschmeister"*[10], aprirono il fuoco falciando i *tirailleurs*.

---

[10]La 44. divisione riprendeva nome e tradizioni (*Ehrenname*) da uno dei più gloriosi reggimenti austriaci, il *K.u.K. Regiment Hoch und Deutschmeister* nr.4, reggimento fondato nel 1696 e che traeva il nome dal fatto di avere come colonnello proprietario il Gran Maestro dell'Ordine Teutonico; l'area di reclutamento era Vienna. Unici reparti del III Reich, i reggimenti della 44. *Reichsgren. Div. HuD* avevano come bandiera di guerra l'aquila bicipite asburgica da un lato e la bandiera con la svastica dall'altro. Per commemorare le origini e la partecipazione alla battaglia di Stalingrado i granatieri della 44. HuD portavano sulle spalline la *Stalingradkreuz*, una versione stilizzata della Croce gigliata dei Gran Maestri dell'Ordine Teutonico (P. Romeo di Colloredo,

La fitta nebbia che fino ad allora aveva avvolto le cime del Monte Cifalco e del Monte Cairo, oscurando la vista degli osservatori tedeschi, iniziò a diradarsi sospinta dal vento. Pochi istanti dopo l'artiglieria germanica, che contava numerosi pezzi, iniziò a martellare il settore dell'avanzata francese. Gli uomini del 4e RTT al comando di Denée, avanzavano lentamente sotto il fuoco nemico conquistando al prezzo di mille sacrifici, ogni metro di quel terreno arido e scosceso senza aver neanche ricevuto il programmato appoggio delle unità algerine. Appena giunti a distanza d'assalto il capitano Denée si alzò in piedi e urlò: *En avant! A la baionette! Chargez!*.

Denée venne gravemente ferito e dovette affidare il comando della compagnia al tenente El Hadi, il quale, dinanzi al comandante morente, giurò sul suo onore che avrebbe conquistato quota 470.

Poche ore dopo El Hadi giunse con la sua compagnia sulla vetta del monte senza un braccio e con il corpo perforato dalle pallottole. Aveva mantenuto la promessa fatta al suo comandante e prima di cadere al suolo urlò ai suoi uomini *Vive la France!*

Erano le 8 e 15. L'attacco francese aveva consentito al II e al III/4e RTT di attraversare indenni l'Olivella e il Rio Secco, a partire dalle 8:30; il II battaglione aveva proseguito verso il Belvedere per un sentiero che sale alla quota 700, vicino alla strada da Caira a Terelle.

Nel pomeriggio la restante aliquota del 4e RTT iniziò a muoversi verso il fondo valle riuscendo poco dopo e non senza sforzi ad attraversare il Rio Secco, attestandosi in prossimità del Belvedere. Mentre il II battaglione si mosse verso sinistra in direzione dell'Olivella, il III battaglione ricevette l'ordine di muoversi verso destra, in direzione di Belmonte, attestandosi lungo le falde del Belvedere. Poche centinaia di metri più a sud il capitano Lunot, alla testa della 10a compagnia era riuscito a conquistare il piccolo abitato di Casaluciense.

Nel frattempo dalle terrazze della quota 520, il comandante Gandoet, impegnato a dirigere i movimenti delle sue truppe giù nella valle, decise di attaccare il Belvedere dal lato destro attraverso una profonda gola. In tal modo l'avanzata dei suoi uomini sarebbe stata coperta dagli Occhi del Monte Cifalco e, per il nemico, l'attacco sarebbe arrivato inaspettato. Gli uomini della prima compagnia del III/4e RTT iniziarono la scalata attraverso la gola che venne subito battezzata burrone Gandoet dal nome del comandante della compagnia.

A metà della giornata le truppe tunisine raggiunsero l'obiettivo riuscendo a catturare le fortificazioni della quota 689.

La vetta del Belvedere era ormai a due passi, ma buona parte degli equipaggiamenti e delle munizioni erano rimaste indietro a causa dei pendii impraticabili. I tedeschi contrattaccarono quota 470 e verso mezzogiorno la IXa compagnia fu completamente annientata.

I *Deutschmeister*, dopo aver rioccupato la quota 470, si spinsero fino a Casalu-

Am Arsch der Welt Le quattro battaglie di Cassino, 1944, Bergamo 2018, p. 28 n.23).

ciense. Poco dopo le 16:00 il comandante Gandoet ricevette notizia che la quota 470 era stata persa, ciò che costrinse anche le unità del capitano Luisot ad abbandonare le posizioni all'interno dell'abitato di Casaluciense.

Di fronte ad una simile catastrofe Gandoet, iniziò a muoversi in direzione della quota 470. L'attacco fu fulmineo ed inaspettato. Gli uomini di Gandoet inflissero numerose perdite al nemico fino al calare dell'oscurità. Alla fine della giornata, sotto una pioggia battente, il III/4e RTT si attestava sulle quote 681 e 721 del Belvedere, ma, alla sua sinistra, il II/4e RTT era fermo all'altezza delle ultime curve a gomito della strada per Terelle, davanti alla quota 700. Nella valle il I/4e RTT non era riuscito ad entrare nel paese di Caira ed il *Regroupement Bonjour* non era riuscito ad impossessarsi del Colle Marino. Considerata la situazione che si prospettava, alla sera il generale de Monsabert ordinava al 7e RTA di lasciare Acquafondata e di scendere nella valle del Rapido.

All'alba del 26 gennaio i *tirailleurs* algerini rilevarono gli uomini di Gandoet sulla quota 470 e rinforzarono le esauste unità che nella notte avevano occupato le pendici del Belvedere. Non appena terminate le operazioni di rilevamento giunsero i nuovi ordini di attacco: consolidare le posizioni sul Belvedere e attaccare la quota 862 (Colle Cerro). I soldati francesi, forti dei nuovi rinforzi, si mossero immediatamente verso i nuovi obiettivi e alle 18:00 di quella stessa giornata i primi uomini del battaglione Gandoet giunsero sulla cima della q. 862. Un'ora dopo l'intera vetta era in mano ai francesi e poche ore più tardi anche il Colle Abate contava sui suoi pendii le prime unità alleate. Il Belvedere era ormai conquistato, ma quella stessa sera imponenti rinforzi nemici furono segnalati in arrivo da Belmonte.

Quella notte l'intera testa di ponte venne ulteriormente fortificata con tutti i mezzi di cui si disponeva.

La mattina del 27 gennaio, protetto da un pesantissimo fuoco di artiglieria, il 200. *Grenadierregiment*, al comando del colonnello barone von Behr, portò avanti l'atteso contrattacco e alla sera il Colle Abate e la quota 862 erano nuovamente in mano ai *Deutschmeister*. Le perdite per le truppe francesi furono numerose, ma ciò nonostante, gli uomini del comandante Gandoet tennero Belvedere e la quota 689. De Monsabert decise di intervenire nuovamente in loro aiuto inviando nella notte le unità del 7e *Regiment de Tirailleurs Algerins*.

Il giorno successivo, il 28 gennaio, i *tirailleurs* del 7e RTA riuscirono a conquistare nuovamente Colle Abate e la quota 862 infliggendo gravi perdite al 200. *Grenadierregiment*.

Nei giorni che seguirono vi furono accaniti combattimenti, anche all'arma bianca, sino a quando i rinforzi tedeschi riuscirono a riconquistare le quote dominanti, rendendo vano il sacrificio delle truppe coloniali francesi.

Nel settore francese il 2 febbraio 1944 un distaccamento blindato francese, con l'appoggio di personale appiedato del 3e RSA, cercò di raggiungere l'abitato di Terelle lungo la strada, ma venne fermato e semi distrutto da un violento tiro di artiglieria e dalle mine piazzate dai tedeschi.

Nella notte il 17e *Tabor* (14e, 18e e 22e *Goums*) del *commandant* d'Ales tentò senza successo di infiltrarsi dalle quote 700 e 720 verso le pendici di Monte Cairo venendo respinto dalla reazione dei granatieri della 44 HuD.

Le gravi perdite di vite umane da entrambe le parti, la difficoltà dei francesi di ottenere rifornimenti regolari (le carovane di muli che portavano di notte cibo e munizioni su terreno scomodissimo venivano regolarmente falcidiate dal fuoco tedesco del Cifalco), l'assenza di obiettivi strategici realistici e praticabili, portarono alla stabilizzazione del fronte in questa zona e al trasferimento delle azioni militari più importanti su altri obiettivi.

Nel corso della battaglia, la 3^e DIA perse 2.091 uomini tra cui 64 ufficiali. Il solo 4^e RTT subì la perdita di 1.372 uomini di cui 38 ufficiali.

Le perdite dei *Deutschmeister* furono valutate dai francesi in 190 caduti e 515 feriti. I prigionieri, cifra questa volta ufficiale, furono 354.

Quando i resti del 4e *Regiment de Tirailleurs Tunisiens* lasciarono finalmente il fronte per un turno di riposo, furono passati in rivista dal generale de Monsabert, soprannominato dopo il massacro del Belvedere, *le boucher du Rapido*, il *macellaio del Rapido*: sfilandogli davanti, molti dei soldati tunisini, convinti di essere stati sanguinosamente sacrificati per nulla, sputarono per terra[11].

Battaglia di Belvedere: duello di artiglierie ad Acquafondata, gennaio 1944.

---

[11]La descrizione delle operazioni è tratta da Romeo di Colloredo, *Am Arsch*, cit.pp. 29 segg.

2.
Zidou 'l goudem!
Lo sfondamento della Linea *Gustav* e l'avanzata su Roma e Siena.

Zidou l'goudem, Zidou l'goudem[12]
Écoutez le chant des Tabors.
Marchez toujours, marchez quand même
Jusqu'à la fin, jusqu'à la mort
Tout en hurlant "Zidou l'goudem !"
C'est la dure loi du Tabor.

Fino a maggio i francesi non avrebbero più avuto un ruolo importante nel settore, ricostituendo le divisioni dissanguatesi nella battaglia e ricevendo i *Tabors* marocchini del GTM di Guillaume che avevano conquistato le Mainarde, dove il 31 marzo avevano espugnato, insieme agli alpini del btg. *Piemonte* il Monte Morrone, 1.770 metri, malgrado la strenua difesa della 5. *Gebirgsjäger- Division*, una delle migliori divisioni da montagna della *Wehrmacht* (conquista che le fonti italiane attribuiscono ai cobelligeranti, e i francesi ai *goumiers*): a maggio la situazione sarebbe cambiata, e Juin avrebbe vendicata la sconfitta di Monte Belvedere.
Di fronte al CEF era ora schierata la 71. *Infanterie- Division*, supportata da tre battaglioni della 44. *Hoch un Deutschmeister*, i vecchi avversari di monte Belvedere, e fiancheggiata dalla 94. *Infanterie- Division* che presidiava le posizioni del settore costiero fino a Scauri.
I tedeschi, che avevano considerato il settore montano un terreno troppo difficile per consentire un'avanzata in grande stile, non presidiavano in forze tale zona
Alle 23 dell'11 maggio del 1944 iniziò l'attacco decisivo del *Corps Expeditionnaire Français* del generale Alphonse Juin contro le posizioni tedesche sui monti Aurunci, che avrebbe portato alla caduta della Linea *Gustav* dopo mesi di stasi e di inconcludenti bagni di sangue sul fronte di Cassino: centinaia e centinaia di cannoni diedero inizio ad un progressivo bombardamento e presto i reparti d'assalto "marocchini" come venivano classificati genericamente i coloniali francesi- ma vi erano anche tunisini, algerini e legionari della 13e *Demi- brigade-* cominciarono l'avanzata.

---

[12]*Zidou l'goudem!* (زيدو القدام, *in avanti!*) era il grido di battaglia dei *Tabors marocains*.

Le truppe del *Corps Expeditionnaire Français* alla vigilia dell'operazione *Diadem* erano organizzate in questa maniera[13]:

-2e *Division d'infanterie marocaine* (2e DIM)

-3e *Division d'infanterie àlgerienne* (3e DIA)

-4e *Division marocaine de montaigne* (4e DMM)

-*Groupement des Tabors Marocains* (GTM) con

1er GTM (2e, 3e, 12e *Tabor*)

3e GTM (1er, 6e, 15e *Tabor*)

4e GTM (5e, 8e, 11e *Tabor*)

e la 1er *Division de marche d'infanterie* (1er DMI), l'ultima ad arrivare in Italia, nell'aprile del 1944, formata specialmente da uomini delle colonie francesi sub-sahariane e dell'Africa centrale, ma con anche la 13e DB della Legione Straniera, che inquadrava molti fanatici antifascisti già combattenti in Spagna, e reparti di Fanteria di Marina e del Pacifico.

La 4e DMM era arrivata in Italia nel marzo del '44 ed era formata in larghissima parte da uomini di origine berbera. I tre *Groupes de Tabors Marocains* formavano il GMT, il *Groupement Mixte de Tabors Marocains,* di cui facevano parte i *goumiers,* tutti di etnia berbera, al comando del gen. Guillaume.

Augustin Guillaume era nato a Guillaustre, nelle Hautes Alpes, il 30 luglio del 1895. Entrò a Saint Cyr nel 1913, e l'anno successivo, promosso sottotenete, combattè nella Grande Guerra, raggiungendo il fronte nell'ottobre del 1914 alla testa di una compagnia del 16e *Chasseurs à pied,* e conquistandosi subito la sua prima citazione al merito.

L'11 novembre successivo venne catturato dai tedeschi e terminò la guerra in un campo di prigionia, dopo aver tentato senza successo per ben tre volte la fuga. In prigionia apprese il russo ed il serbo.

Dopo una breve periodo come osservatore militare presso l'Armata Rossa, nel 1926 entò all'*Ecole de Guerre.*

Capitano a 24 anni, venne promosso agli *Affaires Indigenes* in Marocco. Nel 1939 venne promosso tenente colonnello e assistette impotente alla disfatta della Francia nel 1940, aderendo anch'egli al regime collaborazionista di Vichy.

Guillaume si dedicò all'addestramento dei *Goums,* mantenendoli pienamente operativi malgrado le condizioni d'armistizio con gli italo- tedeschi ne prevedessero lo scioglimento, mascherandoli come *Mehalla chérifiennes,* e dopo lo sbarco degli alleati sbarcati in Algeria e Marocco nel novembre del 1942, si unì a De Gaulle.

Nominato generale di brigata, Guillaume comandò il GTM prima nella Campagna d'Italia fino al ritiro del contingente francese, nell'agosto del 1944, poi in Provenza, dove conquistò Marsiglia e venne promosso generale di divisione, ricevendo il comando della 3e DIA, che comandò nei Vosgi ed in Germania, dove occupò Stoccarda. Addetto militare a Mosca, nel 1946 divenne generale di

---

[13]l'ordine di battaglia completo del CEF è riportato alla fine del presente lavoro.

Corpo d'Armata, e nel 1948 comandante delle Forze d'occupazione francesi in Germania.

Nel 1951 venne promosso generale d'Armata e successe a Juin quale Residente Generale in Marocco, deponendo l'anno successivo re Mohammed V; Guillaume nel 1954 divenne Capo di Stato Maggiore dell'Esercito.

Si dimise dall'incarico nel 1956, per protestare contro l'indecisione delle autorità francesi nel far fronte ai moti indipendentisti nelle colonie del Nord Africa.

Morì nel 1983 nella sua città natale, a 88 anni.

Il 14 maggio venne creato il *Corps de Montagne*, formato dall'unione della 4e DMM con il GTM.

L'undici maggio Juin trasmise alle proprie truppe un ordine del giorno

Combattenti francesi dell'Armata d'Italia, una grande battaglia, la cui sorte può segnare la vittoria definitiva e la liberazione della nostra patria, comincia oggi. La lotta sarà generale, implacabile, e portata avanti con l'ultima energia. Chiamati all'onore di portare i nostri colori, voi vincerete, come già avete vinto pensando alla Francia martire che vi attende e vi guarda. In avanti![14]

Più sintetico, Guillaume ordinò ai suoi *goumiers* un napoleonico *Audace et vitesse*, mentre il colonel Buot de l'Epine, comandante del 2e *Régiment de Tirailleurs marocains* incitò: *Forbans, à l'abordage!*

I combattimenti del 12 maggio si svolsero con alterna fortuna, e la svolta si ebbe il 13 maggio, quando i tirailleurs marocchini conquistarono il Monte Maio. Verso mezzogiorno il 5e *Regiment de Tirailleurs Marocains* (RT.M) occupò con l'appoggio dell'8e e 6e il Monte Feuci e, poco dopo, verso le 16,00, cadde il Monte Maio, oramai solo debolmente difeso dai tedeschi. La 2e DIM del generale Dody, dopo la caduta del Maio, occupò Vallemaio alle ore 10,30 del 14 maggio. La 1er *Division de Marche*, nel contempo, attaccò verso nord e uno dopo l'altro caddero i villaggi di Sant'Andrea, Sant'Ambrogio e Sant'Apollinare[15].

Dopo circa 40 ore di attacco Juin aveva scardinato il cardine meridionale della porta di Cassino, dove i polacchi si stavano inutilmente dissanguando contro i *Fallschirmjäger* di Heidrich . La grande battaglia ormai divampava da ben quattro giorni sul fronte che dalla piana antistante a Cassino andava al mar Tirreno. Il maggior impeto nei combattimenti fu sostenuto naturalmente dalle Divisioni del Gen.le Juin, che vennero spinte all'assalto della linea germanica, subendo sanguinose perdite.

Il gen Juin, dopo il primo insuccesso, rimaneggiò lo schieramento delle artiglierie, in modo che potessero agire in massa sul bastione del Monte Maio; sotto questo colpo di maglio, la 71. *Infanterie-Division* tedesca cedette e, nel pomeriggio del 13 maggio, la 2e DIM issava sulla cima alta 940 metri del Monte Maio un

---

[14]http://lhistoireenrafale.lunion.fr/2014/05/11/11-mai-1944-lordre-du-jour-du-general-juin/

[15]Per una descrizione dettagliata degli eventi si veda Romeo di Colloredo, *Am Arsch der Welt. Le quattro battaglie di Cassino*, Bergamo 2018, passim.

immenso tricolore francese visibile sino a Cassino[16].

Il Col. Pierre Le Goyet del *Service historique de l'Armée de Terre* (SHAT) scrive:

Sul Maio una bandiera tricolore è piantata tra l'entusiasmo generale. Questa bandiera di trenta metri quadrati, il gen.le Juin, sicuro della sua vittoria, l'ha fatta confezionare prima della battaglia. Egli ha fatto tagliare un'asta di venticinque metri dipinta di bianco da alcuni prigionieri tedeschi che l'hanno issata nel pomeriggio del 13 maggio[17]

Alla sua destra, la 1er DMI aveva rastrellato l'ansa del Garigliano; alla sua sinistra, la 3ᵉ DIA, in possesso di Castelforte, avanzava in direzione di Ausonia. Ancora più a sinistra, il II°Corpo d'Armata USA –la 85th e la 88th US *Infantry Division*- si dirigeva risolutamente su Formia.

Il gen.le Clark è perfettamente consapevole dell'importanza dei successi conseguiti dal C.S.F. per il proseguimento delle operazioni e si congratula calorosamente. Questo successo del 13 maggio cancella lo scacco della vigilia. Esso è dovuto all'azione dell'avanzata che, inquadrando il campo di battaglia, ne interdice ogni rifornimento e a quella dell'artiglieria impiegata in massa ; ed il fuoco, intelligentemente bilanciato, ha distrutto le organizzazioni avversarie e annichilito il morale dei difensori. E' dovuto anche allo slancio dei fanti, efficaci nei combattimenti corpo a corpo, ed alla rapidità della loro avanzata[18].

Quel giorno, scrive a sua volta lo stesso Juin, avendo percorso i fronti bassi dell'attacco, da un punto all'altro della testa di ponte in cui si svolgevano tali azioni, avevo potuto osservare l'ardore e lo slancio delle truppe che si scagliavano contro i loro obiettivi. Ma c'erano altre ragioni per quell'esaltazione. Verso mezzogiorno era stato captato un messaggio in chiaro dal nemico, che ordinava il ripiegamento delle truppe; ed i prigionieri affluivano.

Juin poté emettere un ordine del giorno dai toni trionfali:

Dopo due giorni di lotta, malgrado una resistenza feroce su posizioni che credeva inespugnabili, il nemico si ritira, disorganizzato, sconfitto. Un terreno considerevole è stato conquistato. Una posizione d'importanza capitale: il massiccio del Monte Majo è nelle nostre mani. Sono stati fatti più di 1,000 prigionieri, tra cui 18 ufficiali. La nostra avanzata continua. Chiedo a tutti di raddoppiare gli sforzi ed il vigore. Il magnifico successo di ieri è la garanzia della vittoria di domani. Avanti!

Il generale d'Armata comandante il *Corps expéditionnaire français*,

---

[16] "Combattimenti dei francesi a Vallemaio" , in
http://www.associazionevallemaio.it/Vallemaio%20nella%20seconda%20guerra%20mondiale5.htm
[17]P. Le Goyet, *La Campagne d'Italie 1943-1945-une victoire quasi inutile*, Paris 1985, p. 200
[18]Ibid.

JUIN.

Era la prima vera vittoria francese dal settembre del 1939, quando la Francia aveva dichiarato guerra alla Germania salvo vedere i tedeschi sfilare sugli *Champs Elysee* dieci mesi dopo.

Il generale Juin, dopo i successi del 13 maggio, stabilì nel modo seguente i compiti delle Divisioni, sia per impedire ai tedeschi di rafforzarsi nella linea *Dora* sia per conquistare il monte Petrella e superare questa linea da sud:

la 3e DIA, comandata dal gen. de Monsabert, composta da 13.189 uomini: spingere energicamente su Coreno e Ausonia in modo da sbarrare il più presto possibile la Valle dell'Ausente verso Ausonia e mettersi in condizioni di sfociare sull'asse Ausonia-Esperia; rilevare appena possibile gli elementi della 4e DMM , comandata dal Gen.le Sevez, composta da 19.252 uomini), che l'avessero eventualmente preceduta nella zona di Coreno-Ausonia;

il CTM : spingere i suoi gruppi tattici, con tutta la rapidità necessaria, in direzione di monte Petrella per mettere piede il più presto possibile sul margine orientale dei Monti Aurunci;

la 2e DIM, comandata dal gen. Dody, composta da 13.895 uomini: avanzare rapidamente in direzione generale nord-ovest sull'asse contrassegnato dalla cima del Monte Maio, Colle Castellone. Occupare questa cresta con faccia al Nord e all'Ovest, ed impegnarsi senza aspettare, con faccia a Ovest, sui fianchi e al tergo delle difese nemiche e della caduta di Ausonia. In collegamento a destra con la 1er DMI, comandata dal gen. Brosset, composta da 15.491 uomini, la 2e DIM avrebbe dovuto rastrellare la regione di Vallemaio, Colle Arso, Colle Cantalupo e sgombrare la rotabile Vallemaio-San Giorgio a Liri;

La missione della 3e DIA era di aprire al CEF la strada forzando la soglia di Esperia, appoggiata sulla sinistra dal corpo di montagna (GTM e 4e DMM, ndA) sul versante nord del massiccio, e coperta a destra dalla 1e DM I. afente nel corridoio tra monte d'Oro ed il Liri. Il generale de Monsabert doveva dunque far cadere la Bastia, poi mettersi in grado di attaccare Esperia, sull'asse La Bastia - Monticelli. Nella notte tra il 15 ed il 16, rimaneggiava così il suo dispositivo :

- *groupement* de Linarès : 3e R.T.A, II/7e RT A, 2 compagnie chimiche statunitensi e 2 gruppi da105;
- *groupement* Chappuis : 7° RTA meno 1 battaglione, 1 gruppo da 105;
- *groupement* de Lambilly : 4e RSM, 755th U.S. *Tank btg*, 2 squadroni di TD [*Tank destroyers*, ndA]d el 7e RCA;
- *groupement* Van Hecke: quanto restava del 7e RCA;
- in riserva : il 4e RTT.

La 1er DMI doveva proseguire il rastrellamento dell'ansa del Garigliano, mettersi in condizioni di sfociare da Sant'Apollinare su San Giorgio a Liri, in collegamento a destra con l'8ª Divisione Indiana. Nonostante la strenua resistenza dei tedeschi, le unità del CEF, travolgevano i reparti di Senger ; rifiutando i punti di appoggio, inseguivano l'avversario che ripiegava in disordine: alla fine i *panzer-*

grenadier non opposero che una resistenza sporadica. I francesi catturarono oltre mille prigionieri, tra cui sei comandanti di battaglione.

I francesi, attraversando un terreno nei monti Aurunci ritenuto virtualmente insuperabile, travolsero gli reparti germanici e riuscirono ad aggirare la rocca di Cassino e le altre linee difensive situate nell'adiacente Valle del Liri, strenuamente difese dal 200. *Panzergrenadier- Regiment* e dai fanti tedeschi, sfondando infine la linea *Gustav* e aprendo così ai mezzi corazzati del XIII° Corpo britannico la via per Frosinone e a tutto l'esercito alleato la strada per Roma.

I tedeschi potevano inviare solo limitati rinforzi verso la prima linea; le condizioni meteorologie favorevoli permettevano ai cacciabombardieri alleati di intercettare le colonne di veicoli tedeschi e di colpirle duramente.

Il 13 maggio maggio Kesselring cercò di guadagnare tempo ritardando la caduta di Cassino per consentire alle unità minacciate di ritirarsi occupando la seconda linea di difesa, la linea *Dora*, chiamata dagli alleati per motivi propagandistici *linea Hitler*; ma le forze coloniali francesi occuparono Sant'Andrea sul Garigliano e la fanteria coloniale marocchina giunse al Liri. Il 14 maggio la fanteria marocchina si spinse fino a S. Giorgio, mentre quella algerina occupò Castelforte. Venne così realizzato l'assalto dalle montagne ed i *Goums* valicarono i monti Aurunci senza incontrare grosse resistenze.

Juin poté ora realizzare quello che aveva pensato fin dal gennaio del 1944: attaccare Cassino dalla via Casilina attraverso i monti Aurunci, aprendo una breccia nella linea *Gustav* attraverso monte Petrella (1533 m); a sud il II° Corpo d'armata americano, dopo pesanti scontri, riuscì a conquistare solo l'abitato di S. Maria Infante. Da parte loro gli indiani dopo aver gettato un ponte galleggiante sul Rapido, riuscirono a prendere Sant'Angelo, mentre la 4a Divisione indiana conquistò la città di Pignataro, ed i francesi giunsero fino a monte Petrella e monte Revole.

Gli elementi del *Corps de montagne*, il GTM e la 4ᵉ DMM, dovevano riunirsi il 14 nella valle dell'Ausente, la 4ᵉ DMM giungeva da est dopo la partecipazione allo sfondamento sul Ceschito, i *goumiers* di Guillaume da sud dopo aver superato la posizione avversaria alle spalle della 88th US *Infantry Division* nel settore del II° Corpo statunitense. La 4ᵉ DMM doveva impadronirsi della strettoia di Ausonia, da dove sarebbero sboccati i blindati della 3ᵉ DIA, e spingere contro le pendici settentrionali del Fammera.

Il *groupement* Guillaume, a sud, si sarebbe dovuto lanciare direttamente all'assalto di monte Petrella, quando l'88th US *Inf. Div.* gli avesse consegnato il settore di Spigno.

Era previsto che il raggruppamento della 4ᵉ DMM comprendesse inizialmente il 2ᵉ ed il 6ᵉ RTM, ma le perdite elevatissime subite dai due reggimenti, e la necessità di rastrellare la sacca di Rivo Grande dai tedeschi, obbligarono a costituire, con elementi della riserva, un nuovo raggruppamento, affidato al colonnello Bondis, che comprendeva il 3ᵉ GTM, con i *Tabors* 9ᵉ, 10ᵉ, 17ᵉ, il I/1er RTM, il

II/2e RTM, il I/69e RAA ed una sezione del genio. Allo spuntare del 14 il *groupement* Bondis mosse dal colle di Crisano, insieme con una colonna della 2e DIM che seguiva la stessa via per raggiungere Monte Maio, rallentato da nuclei di resistenza tedeschi che vennero annientati.

Alle 8.30 i marocchini raggiunsero la strada Castelforte- Coreno, sulla quale transitavano elementi della 3e DIA che ne ostacolavano l'avanzata. Bondis allora cercò di proseguire il suo movimento sulla direttiva Fammera di Spigno, ma venne arrestatuo dalla strenua resistenza germanica presso Massa Valente.

Questi ritardi permisero alla 3e DIA, proveniente da Castelforte, di ripulire dai nemici l'asse stradale Castelforte- Coreno- Ausonia e di coprire la valle dell'Ausento dalle minacce provenienti da nord.

A sud, il *groupement* Guillaume marciò per sei ore, su due colonne, per superare l'Ausente: la colonna nord (4e GTM, *Tabors* 5e, 8e e 11e) con obiettivo il Castello e Faggeto, la colonna sud (1er GMT, *Tabors* 2e, 3e e 12e) doveva scavalcare il 350th US *Infantry Regiment* a Spigno e avanzare su Revole, ma l'attraversamento della vallata dell'Ausente, sbarrata da campi minati e battuta dall'artiglieria di Senger si dimostrò ben più difficile del previsto. I blindati francesi al comando di Dodelier furono anch'essi arrestati su colle Torrerisi dalla reazione tedesca. I *goumiers* dovettero arrestarsi, mentre gli sminatori entrarono nei campi di grano per rimuovere i campi minati sotto il tiro dell'artiglieria.

Il generale Sevez spostò allora il proprio quartier generale a Casale, da dove incontrò il colonnello Bondis a Cardito, poi i comandanti dei *sous-groupements de goums* Hogard e Gauthier ed infine lo stesso Guillaume, ordinando la ripresa dell'avanzata in direzione di Petrella e di Fammera di Spigno per l'indomani[19].

Il mattino del 15 il *groupement* Bondis si lanciò all'assalto sulle pendici della Fammera di Spigno. Alla sua sinistra, nel settore del *groupement* Guillaume, i *Tabors* del 4e GTM lanciarono un grande *baroud* all'arma bianca, per conquistare il Castello, facendo 200 prigionieri.

All'estrema sinistra, i *goumiers* del 1er GTM assaltarono dopo una salita di 500 metri la fortezza naturale costituita dal villaggio di Spigno che i tedeschi avevano fatto saltare, ripulendo alla baionetta il paese, casa per casa, rovina per rovina. Il generale Kendall, comandante della 88th US Inf. Div. disse al capitano Lyautey dello Stato Maggiore del GTM, nipote del Maresciallo di Francia: *Vi dò sette ore per prendere Spigno.*

Lyautey ribatté: *Et le général Guillaume me charge de vous dire que nous serons au Petrella à 15 heures!*

Alle 11 il 1er GTM attaccò la muraglia che sorge a 1.000 metri sopra Spigno. Come scrisse il generale Goudard,

E' l'inizio della grande avventura dei *goums* che continuerà, altura dopo altura, sino alle vicinanze di Firenze. Da questo giorno risuoneranno senza sosta tra i dirupi e le rocce

---

[19]Col. Goutard, *Le Corps expéditionnaire français dans la campagne d'Italie: 1943-1944*, Paris 1947, pp. 105- 106.

della montagna, gli ordini impetuosi del generale Guillaume:
« *Allo Brahim*! (nome in codice del colonnello Leblanc), *Allo Bison*! (colonnello Gauthier) mi sentite? *Zidouh l' gouddem*! *Zidouh l' gouddem*! (Avanti! Avantit!) I *boches* scappano! *Zidouh l' gouddem*![20] »

Il 15 maggio il 4^e *Groupe de Tabors marocains* del colonnello Gautier, conquistò monte Revole, un'altura di 1200 metri al centro di montagne rocciose inaccessibili mentre il *groupement* Bondis , presa Ceschito, si diresse ad ovest di Ausonia verso monte Fammera che venne occupato lo stesso giorno.
Parlando dell'impeto dei *Tabors*, Fred Majdalany scrive:

Agiscono come una marea su una fila di castelli di sabbia. Sono capaci di spingersi ad ondate su un massiccio montano dove truppe regolari non riuscirebbero mai a passare. Attaccano in silenzio qualsiasi avversario si presenti, lo distruggono e tirano via senza occuparsi di quel che accade a destra o a sinistra. Hanno l'abitudine di riportarsi indietro la prova delle vittime uccise; perciò sono nemici con cui non è piacevole aver a che fare.

La penentrazione nel massiccio dei monti Aurunci dei marocchini proseguì, rallentata ormai solo dal cattivo stato dei sentieri.
L'allungamento delle colonne avanzanti sulle strade montane fu tale che l'avanguardia del *groupement* Bondis raggiunse le alture a sud d'Esperia, il 16 maggio, prima ancora che le retoguardie cominciassero la salita del massiccio[21].
Marciando per tutta la notte su un terreno difficilissimo ed impervio, alle ore 6 del 16 maggio la colonna di testa raggiungeva monte Revole e metteva in posizione una batteria di cannoni, mentre il 17 i *Goums* venivano rinforzati con un battaglione di artiglieria da montagna.
Il 16 maggio il 10e *Tabor* rastellò il monte Chiavica ed il 17e occupò il Belvedere.
Il 17 maggio il *sous- groupement* d'Alés, composto dal 17e *Tabor*, da quattro compagnie di *tirailleurs* e dal I/69 RAM, si impadronì dei monti Logo e Calvo e respinse i continui contrattacchi tedeschi finché non ricevette il cambio.
Lo stesso giorno 17 un battaglione del *Panzergrenadier- Regiment nr. 15* si era avvicinato al GTM, marciando in colonna verso monte Revole: lo stesso Guillaume studiò un "cappio" e la colonna tedesca venne completamente distrutta, chiusa su due lati dai *goumiers* e colpita dall'artiglieria. Il suo comandante, caduto prigioniero, ammise che i suoi superiori non si aspettavano attacchi alleati in quel settore per altri 3-4 giorni. La notte seguente il 2^e *Tabor* si impadronì del monte Le Pezze, un magnifico osservatorio naturale che domina la strada Itri-Pico con un attacco a sorpresa monte Le Pezze, a 5 chilometri a nord di Itri.
Il giorno seguente, nel tentativo di riconquistare la quota che dominava la strada, i tedeschi attaccarono con un battaglione di *Panzergrenadier* che però fu respinto

[20]Ibid. p.108
[21]Ibid. 107- 108.

dal 1er GTM che aveva seguito il 2e *Tabor*, perdendo136 caduti e 36 prigionieri, e si ritirò sotto il tiro dell'artiglieria francese che colpì i *Panzergrenadiere* con un preciso fuoco di interdizione.

Il 18 maggio il *groupement* Bondis riprese la sua marcia ed occupò le alture a sudovest di Pico da dove poté minacciare le retrovie dei tedeschi che bloccavano l'avanzata delle truppe britanniche verso Pontecorvo.

Più a nord le altre formazioni del CEF ed un raggruppamento di *goumiers*, nel tentativo di sfondare tra Castelnuovo e San Giorgio a Liri, si scontravano con elementi della 90. *Panzergrenadier- Division* .

Il 17 maggio gli algerini di de Monsabert conquistarono Sant'Oliva ed Esperia e la 3^e DIA, rafforzata dalla 1er DMI, occupava la postazione di Monte d'Oro, raggiungendo un punto a circa 7 chilometri da Pico[22].

Il fronte occupato raggiungeva ora i 12 chilometri ed era a soli 3 chilometri dalla strada Itri-Pico, tra Serra del Lago e monte Calvo.

Giova riportare alcuni paresri sui combattenti dei goums e sul CEF in questa fase delle operazioni: così Mark Clark, il comandante della 5ª Armata, che pure non amava Juin, scriverà nelle sue memorie di *one of the most brilliant and daring advances of the war in Italy*:

A dispetto dell'accanita resistenza nemica, la 2ª Divisione Marocchina penetrò la linea Gustav in meno di due giorni di combattimento. Le successive 48 ore sul fronte francese furono decisive. I *Goumiers* armati di coltello sciamarono sulle colline, soprattutto di notte, e l'intera forza di Juin mostrò un'aggressività [crescente] ora dopo ora, davanti alla quale i tedeschi non poterono resistere. Cerasola, San Giorgio, Monte d'Oro, Ausonia ed Esperia furono prese dopo una delle più brillanti ed audaci avanzate della guerra in Italia. Per questo risultato, che fu la chiave del successo dell'intera manovra su Roma, io sarò sempre un ammiratore riconoscente del Generale Juin e del suo magnifico CEF[23].

Charles de Gaulle commenterà:

Il *Corps expéditionnaire* comprendeva delle truppe di prim'ordine, le più adatte alla guerra in montagna. In particolare, la 4e *division marocaine de montagne* e i *tabors* marocchini erano capaci di passare ovunque, ed il generale Juin lo sapeva meglio di tutti.

Sull'altro fronte il Feldmaresciallo Kesselring da parte sua il 19 maggio dovette ammettere che

I francesi e soprattutto i marocchini hanno combattuto con furia e sfruttato ogni successo concentrando ogni risorsa sui punti che vedevano indeboliti[24].

---

[22]Romeo di Colloredo, *Am Arsch*, cit., pp. 84-85.
[23] M. Clark, *Calculated Risk*, New York 1950, p. 348.
[24]A. Kesselring, cit. in G. Spillmann, *Souvenirs d'un colonialiste*, , Paris, 1968, p. 171.

mentre Fridolin von Senger und Etterlin, l'eroico difensore di Cassino, ricordò nelle proprie memorie

Le superbe divisioni marocchine [...] guidate da ufficiali francesi magnificamente addestrate, equipaggiate all'americana.

Il 3 giugno mentre il II° Corpo statunitense raggiungeva i Colli Albani, ultima posizione a coprire Roma, il CEF si spinse da parte sua in direzione di Roma, con l'obiettivo di continuare a coprire la 5ª Armata americana ad est della Casilina e della stessa Roma.

La 3ᵉ DIA si spinse, quindi, all'alba da Colleferro sino a Valmontone e Zagarolo, senza incontrare una seria resistenza da parte tedesca. Alla fine della giornata del 3 giugno, il 3ᵉ RTA e i corazzati del 7ᵉ RCA avevano raggiunto la stazione di Zagarolo ed il 7ᵉ RTA avvicendò una unità statunitense presso Palestrina.

La 2ᵉ DIM che aveva coperto sino a quel momento il fianco destro del CEF, per le perdite subite e per la stanchezza accumulata dovette venir rilevata dalla 1er DMI la mattina del 4 giugno e ritirata dal fronte.

Nella stessa mattinata, i *tirailleurs* del 7ᵉ RTA occupò prima Palestrina, poi Castel San Pietro e Cave, senza incontrare peraltro resistenza, mentre il *groupement* Bonjour raggiungeva Gallicano.

La 3ᵉ DIA, che assicurava la copertura della 5ª Armata statunitense verso i monti Prenestini, venne a sua volta avvicendata dalla 1er DMI.

Il generale Juin, temendo un contrattacco di Kesselring da nord a sud sulle linee di comunicazionifrancesi, che si erano venute allungando eccessivamente, e desiderando disimpegnare la 3ᵉ DIA per la manovra verso Roma, aveva ottenuto da Clark l'allargamento del settore francese a nord della Casilina, e impegnò la 1er DMI in questo nuovo settore di copertura. Nel pomeriggio del 4 giugno la 1er *Brigade*, dopo un percorso di settanta chilometri sui camion, avvicendò gli elementi della 3ᵉ DIA a Cave, Palestrina e Gallicano.

De Monsabert inviò il 3ᵉ RTA e i corazzati del 7ᵉ RCA verso l' Aniene per tagliare le comunicazioni da Roma verso Tivoli, cercando di impadronirsi dei ponti prima che i tedeschi li potessero far saltare[25].

Il 4 giugno il 17ᵉ *Tabor* del 3ᵉ GTM (composto dai 14ᵉ, 18ᵉ e 22ᵉ *Goums*) occupò Carpineto Romano, e il comando del tenente colonnello Eric d'Alès de Corbet si istallò nella villa dei conti Pecci, detta il Casino, che era stata fino a poco tempo prima sede del comando della 29. *Panzergrenadier-Division*; i tedeschi, prima di abbandonare la villa l'avevano minata con ordigni a scoppio ritardato, che esplosero alle 22. 30 con un assordante boato avvertito anche nei paesi vicini.

Sotto le macerie rimasero uccisi il tenente colonnello d'Alès, ufficiale di antica nobiltà- era conte- veterano delle due guerre mondiali, decorato della Legion d'Onore, il capitano savoiardo Louis Jean Paul Couturier, il capitano Jean Francois e trentasette *goumiers*.

---

[25]Goutard, cit., pp.128-129.

Il giorno seguente i marocchini, inferociti per la morte dei propri ufficiali e dei commilitoni, arrestarono il custode della villa ritenendolo complice dei tedeschi, e lo passarono per le armi dopo averlo a lungo percosso brutalmente.

Intanto, i *tirailleurs* del I/3ᵉ RTA ed il *groupe franc* giunsero al chilometro 19 della via Collatina, e il I/3ᵉ raggiunse l'Aniene a Lunghèzza, mentre il II/3ᵉ raggiunse la sponda sud del fiume a Salone, ad ovest di Lunghezza. I due battaglioni entrarono in contatto con i tedeschi che, dopo aver fatto saltare i ponti, si erano trincerati sulla sponda settentrionale. Intanto, il *groupe franc* del 3ᵉ RTA occupò Tor Sapienza, sulla via Collatina, alla periferia est di Roma, trovando poi intatto il Ponte Mammolo presso Tor Cervara, sulla Tiburtina.

Per coprire sul fianco orientale il *groupement* de Linares, che doveva, all'alba del 5 giugno, passare sulla riva nord dell'Aniene, il generale Juin diede alla 1er DMI l'ordine di costituire un gruppo tattico misto formato da fanteria e corazzati che si sarebbe portato sulla riva nord a destra della 3ᵉ DIA per proteggerne il fianco e tenere sotto controllo Tivoli. Il generale Brosset affidò tale missione alla 2ᵉ *Brigade*, rinforzata dal 1er *Régiment de fusiliers-marins* e da un *escadron* di *Tank Destroyer* M10 del 7° RCA.

Nella notte tra il 4 ed il 5 giugno, il 1er RFM, precedendo la 2ᵉ *Brigade*, si portò quindi da Zagarolo a Ponte Lucano, tre km. a sud-ovest di Tivoli, ma venne bloccato dalla resistenza tedesca a Villa Adriana. I *marsouins* dovettero trincerarsi ed attendere l'arrivo della BM 5 che però non riuscì a forzare il passaggio e poté entrare in Tivoli solo la mattina del 6 giugno, venendo nel frattempo superata dalle truppe britanniche provenienti da Subiaco[26].

Gli ufficiali del GMT che arrivarono alle porte di Roma non erano paragonabili agli statunitensi, ai neozelandesi, ai canadesi; erano ufficiali di cultura elevata, spesso aristocratici, che leggevano Stendhal e Chateaubriand nelle pause dei combattimenti, e che guardando Roma parlavano dei colori dei quadri di Corot, Claudio Lorenese e di Poussin. Guillaume si scoprì il capo in segno di rispetto quando vide da lontano la *Ville Eternelle*: nessun anglo-americano l'avrebbe mai fatto.

Ricorda Malaparte ne *La Pelle*:

In quel mentre udimmo risonar nel bosco voci festose e ci voltammo. Era il Generale Guillaume, accompagnato da un gruppo di ufficiali francesi. Aveva i capelli grigi di polvere, il viso bruciato dal sole, segnato dalle fatiche, ma gli occhi lucenti, la voce giovanile.

"Voilà Rome!" disse scoprendosi il capo.

Avevo già veduto quel gesto, avevo già veduto un generale francese scoprirsi la fronte davanti a Roma, nei boschi di Castel Gandolfo, nei dagherrotipi sbiaditi della raccolta Primoli, che il vecchio Conte Primoli mi mostrava un giorno nella sua biblioteca, nei quali il Maresciallo Oudinot, circondato da uno stuolo di ufficiali francesi in pantaloni

---

[26]Ibid.

rossi, saluta Roma da quella stessa selva di lecci e di olivi dove eravamo in quel momento.

"J'aurais préféré voir la Tour Eiffel, à la place de la coupole de Saint Pierre" disse il tenente [sic! era capitano, ndA] Pierre Lyautey.

Il Generale Guillaume si volse ridendo: "Vous ne la voyez pas" disse "car elle se cache juste derrière la coupole de Saint Pierre."

"C'est drole, je suis ému comme si je voyais Paris" disse il Maggiore Marchetti.

"Vous ne trouvez pas" disse Pierre Lyautey "qu'il y a quelque chose de français, dans ce paysage?"

"Oui, sans doute" disse Jack "c'est l'air francais qu'y ont mis le Poussin et Claude Lorraine."

"Et Corot" disse il Generale Guillaume.

"Stendhal aussi a mis quelque chose de français dans ce paysage" disse il Maggiore Marchetti.

"Aujourd'hui, pour la première fois" disse Pierre Lyautey "je comprends pourquoi Corot, en peignant le Pont de Narni, a fait les ombres bleues."

"J'ai dans ma poche" disse il Generale Guillaume, cavando un libro dalla tasca della giubba *"les Promenades dans Rome*. Le Général Juin, lui, se promène avec Chateaubriand dans sa poche. Pour comprendre Rome, messieurs, je vous conseille de ne trop vous fier à Chateaubriand. Fiez-vous à Stendhal. Il est le seul français qui ait compris Rome et l'Italie. Si j'ai un reproche à lui faire, c'est de ne pas voir les couleurs du paysage. Il ne dit pas un mot de vos ombres bleues."

"Si j'ai un reproche à lui faire" disse Pierre Lyautey "c'est d'aimer mieux Rome que Paris.[27]"

Lo stesso amore ed ammirazione da *Grand Tour* che si ritrova nelle righe il generale Goutard dedica alla città nella sua storia del CEF:

Roma, la Città Eterna e sempre giovane, sorridente e fiorita con il suo sole, la sua aria leggera, la brezza primaverile che carezza le aiuole dei suoi giardini e gli alberi dei lungotevere, con i suoi paesaggi che non si sono mai visti prima ma si riconoscono come dei paesaggi familiari, che appartengono all'umanità; Roma antica, grandiosa nei suoi monumenti antichi, il suo Colosseo che rimanda l'eco delle nostre fanfare; Roma latina, culla della nostra Civiltà, capitale dello Spirito; Roma cristiana, capitale della Fede e sede di una autorità morale che si estende su tutto il mondo senza bisogmo

[27]C. Malaparte, *La pelle*, Milano 1949, pp. 304-305.

dell'appoggio delle armi; Roma moderna, accogliente, dalla popolazione amabile, pulita, corretta, vivace, con i bei bambini abbronzati dal sole, dalle donne eleganti che sorridono ai vincitori[28].

Ed erano gli stessi ufficiali che avevano permesso ai propri uomini di fare bestialmente scempio dei civili e delle loro proprietà ad onta di ogni legge e di ogni morale.

Ad ogni modo l'avanzata del CEF continuò nel viterbese (Bolsena e Montefiascone) e in Toscana, senza affrontare combattimenti particolarmente significativi. Il tre luglio il CEF entrò senza combattere a Siena, abbandonata dai tedeschi e dagli italiani, che già l'avevano dichiarata *Città ospedaliera* per proteggerla dai bombardamenti. I francesi poi, superata Certaldo, giunsero sino a Castel Fiorentino, raggiunta il 22 luglio.

Il CEF venne quindi ritirato dal fronte in vista dello sbarco in Provenza, l'operazione *Anvil- Dragoon* prevista per il mese di agosto.

---

[28] Goutard,cit., p.131.

Una pubblicazione di propaganda francese su Monte Cassino.

3.
Rira bien qui rira le dernier[29].
Il 2ᵉ GMT e la conquista dell'Isola d'Elba.

Vêtus de nos robes de laine,
Nous avons laissé nos troupeaux,
Notre montagne ou notre plaine
Pour ne connaître qu'un drapeau,
C'est le fanion d'un capitaine.
Notre destin est le plus beau.

Il 17 giugno i francesi, i senegalesi ed i marocchini della 9ᵉ *Division d'Infanterie coloniàle* (gen. Morliére) ed i *goumiers* del 2ᵉ GTM, preceduti dai *Royal Marines Beach Commandos* britannici e dai francesi del *Bataillon de Choc*, con l'appoggio dell'artiglieria navale statunitense e britannica, sbarcarono di sorpresa sull'isola d'Elba nel corso dell'operazione *Brassard*, inizialmente prevista per il 25 maggio; tra le truppe coloniali francesi presenti vi era il 2ᵉ GTM che non aveva partecipato alla campagna d'Italia, il cui motto era *Rira bien qui rira le dernier*, ossia *ride bene chi ride ultimo*.

Il 2ᵉ GTM era comandato dal colonello Pierre Boyer de Latour du Moulin, ed era così composto:

1er *Tabor*: 47ᵉ, 58ᵉ, 59ᵉ e 60ᵉ *Goum*;
6ᵉ *Tabor*: 36ᵉ, 72ᵉ, 73ᵉ e 74ᵉ *Goum*;
15ᵉ *Tabor*: 8ᵉ, 11ᵉ, 30ᵉ e 39ᵉ *Goum*.

Un'operazione strategicamente inutile (Kesselring non aveva nessuna intenzione di resistere in Italia centrale ma di ripiegare verso la *Gotica*[30]) ma fatta per compiacere de Gaulle in vista dello sbarco in Provenza e per rinverdire di nuovi allori le traballanti glorie militari francesi con un'azione in cui contro due soli battaglioni tedeschi di seconda linea (un battaglione tedesco del 1944 contava 700 uomini a pieno organico) e un battaglione di Difesa Costiera dell'E.N.R., oltre a qualche reparto e batteria costiera italiana sarebbe stata impiegata un'intera divisione coloniale di 17.400 uomini su quattro reggimenti di fanteria, uno controcarro e due d'artiglieria, tre *Tabors* marocchini, un battaglione di *commandos de choc* francesi e *commandos* britannici.

---

[29]Motto del 2ᵉ GTM.
[30]Romeo di Colloredo, *Südfront. Il Feldmaresciallo Albert Kesselring nella campagna d'Italia, 1943- 1945*, Genova 2018, pp. 74 segg.

Né si deve tralasciare il fatto di come il ricordo napoleonico esercitasse un forte richiamo per la bombastica prosopopea di de Gaulle.

La 9ᵉ DIC era composta da:

4ᵉ *Régiment de Tirailleurs sénégalais*
6ᵉ *Régiment de Tirailleurs sénégalais*
13ᵉ *Régiment de Tirailleurs sénégalais*
Régiment d'Infanterie coloniale du Maroc
Régiment d'Artillerie coloniale du Maroc
Régiment Colonial de Chasseurs de chars
71ᵉ *Bataillon de génie*
2ᵉ *Régiment Artillerie Coloniale d'Afrique Occidentale.*

I reparti italo- tedeschi presenti sull'Elba erano:

Festungsbattaillon n. 902. e 908.,
Marine- Artillerie Abteilung 616.,
Heeressbatterie z.b.V *Sterz* ,
due batterie a.a. del *Flak- Abteilung* 1192. ;
VI° battaglione Difesa Costiera (cap. Bugarelli),
una compagnia di bersaglieri distaccata dal V° Btg. Difesa Costiera (magg. Leonetti) ,
4°Batteria del 5°Gruppo Artiglieria Costiera,
due compagnie genieri del CXVI° Btg. F.C. e due Compagnie del Btg. LL LVIII° bis ,
una compagnia mobile della GNR, 4 distaccamenti con carabinieri e militi fra Portoferraio, Porto Longone, Marciana, Marina di Campo e circa 200 marinai distaccati presso le Batterie costiere, suddivisi in due settori, ovest (S.T.V. Leoncini), est (G.M. Cavallo).

Le forze alleate partecipanti all'operazione *Brassard* rappresentavano come proporzioni la decupla parte del contingente italo-tedesco dell'Elba, che il servizio d'informazioni alleato aveva erroneamente valutato in 1.500- 1.600 uomini, cui si era aggiunta la piccola guarnigione di Pianosa, formata da 130 tedeschi e trenta italiani, che, probabilmente messa in allarme da informazioni ricevute, era stata evacuata via mare lo stesso giorno in cui iniziava l'operazione *Brassard*, imbarcata sul cacciatorpediniere T.A.31 (ex *Dardo*), scortata da *Schnellboote* e MAS diretti verso Marina di Campo. T.A.31 venne avvistata da navi pattuglia alleate nelle prime ore del mattino del 17, che vennero allontanate a cannonate dal T.A.31 e inseguite da una *Schnellboot*. Il convoglio giunse indenne a destinazione sbarcando il piccolo contingente di Pianosa a Portolongone[31].

---

[31]Notizie riprese dal sito Elba Fortificata 1943- 1944, http://www.elbafortificata.it/1943-1944.htm

Due ore più tardi iniziò l'attacco francese contro le difese di Marina di Campo, con il lancio simultaneo di centinaia e centinaia di razzi sparati da bordo delle navi[32]. Tuttavia le batterie costiere italo - tedesche e particolarmente quelle del G.M. Cavallo di Monte Pagliece e San Piero in Campo, reagirono con efficacia e precisione colpendo subito due mezzi da sbarco LCA e incendiandone altri due.
La prima ondata venne accolta da un serrato tiro di armi automatiche e mortai che bloccarono sulla spiaggia i senegalesi trovatisi subito in gravi difficoltà. La zona prescelta, come altre dell'isola che si prestavano a sbarchi, era stata da mesi approntata a difesa con campi minati, reticolati, postazioni per armi automatiche, ricoveri, riservette: un buon lavoro compiuto da un battaglione lavoratori che aveva in precedenza fortificato l'Elba.
L'11ᵉ RTS, sbarcato fra Punta di Mele e Punta di Nercio, venne ben presto a trovarsi in una drammatica situazione, bloccato in avanti dalle difese e colpito alle spalle dalle artiglierie piazzate a Galenzana, Monte Tambone, Lentisco.
La relazione ufficiale francese riporta

Le spectacle est hallucinant et tragique. A4 h.30, les cinq barges de la troisième vague d'assaut essayent de debarquer a leur tour. Deux sont atteintes part le 88 mm et se mettent a flamber comme des torches. Les hommes se jettent a temer, leur fusil a la main. Le debarquement averte...

Fu necessario sbarcare i commandos del *Bataillon de choc* a Cala del Fico per alleggerire la pressione esercitata fra Capo di Poro e Capo di Ponza, zona questa interessata alle operazioni da sbarco. La nuova zona prescelta per i *commandos* era situata nel golfo di Lacona, che minacciava pericolosamente alle spalle il presidio e le batterie di Monte Tambone che venne conquistato alle ore 07.00 dopo aspri combattimenti, liberando in tal modo i senegalesi della critica situazione e permettendo una più rapida avanzata rispettivamente del 2ᵉ e 1er *Groupes tactiques* sino alla strada provinciale Marina di Campo-Lacona.
Non fu facile neppure per i *commandos*: continua la relazione francese:

Mais sur tout le front, l'ennemi se defend avec acharnement: il faut la furie heroique des francais pour venir a bout de chaque point d'appui.

Nel frattempo, dopo una lunga indecisione sul da farsi, il generale Gall ritirava dalla zona ovest il grosso delle forze qui dislocate, trasferendole nella parte centrale, a ridosso di Portoferraio, per tentare di fronteggiare la minaccia che si palesava ora più concreta nel settore centrale, aggravata dalla presenza di una formazione navale apparsa davanti al capoluogo dell'isola come deterrente psicologico ma fatta segno a preciso tiro delle batterie costiere di Monte Strega comandate dal S.T.V. Leoncini della Marina da Guerra Repubblicana.
Riorganizzate le provate forze della zona di Marina di Campo, il generale Ma-

---

[32]Ibid.

gnan impartiva disposizioni per l'attacco finale affidando a due branche operanti a tenaglia l'avanzata [33]

Le due colonne d'attacco comprendevano: la prima (Col. Chretien) il 13e RTS ed era diretta sulla strada provinciale Procchio - Biodola - Portoferraio; la seconda colonna (Col. Cariou) col 4e RTS marciava da San Martino verso Colle Reciso-Schiopparello- Portoferraio, mentre un terzo gruppo tattico con i *Tabors* del 2e GTM e i *commandos* si dirigeva a Capoliveri muovendo da Lacona.

All'alba del giorno 18 giugno l'avanzata proseguì indisturbata a ventaglio dopo aver rastrellato per tutta la notte i difensori italo - tedeschi di Marina di Campo e dintorni (i francesi fecero circa 600 prigionieri). Marciana, San Giovanni, Acquabona, Bagnala vennero conquistate nella mattinata ed alle ore 14.00 i senegalesi del 13e RTS entravano in Portoferraio evacuata dai difensori portatisi nella zona est dell'isola. Nel pomeriggio del 18 l'Elba risultava virtualmente tagliata in due tronconi, mentre il resto dei difensori si irrigidivano in retroguardia nella zona di Rio nell'Elba, Cima del Monte, Monte Castello, Portolongone per favorire l'evacuazione dai porti di Rio Marina e Cavo dei reparti efficienti, trasportati in continente con motozattere, VAS, MS e MAS.

Il mattino del 19 i francesi occuparono Portolongone mentre resistevano ancora alcune località a Naraia, Monte Castello, Monte Capannello. Nel pomeriggio, dopo che il generale Gall aveva abbandonata l'isola, la difesa cedeva gradatamente come morale e resistenza ed alla sera l'intera zona orientale veniva occupata con la cattura di circa 400 prigionieri. Nella giornata del 20 giugno si completava l'occupazione dell'Elba con il rastrellamento degli ultimi difensori. Le indecisioni iniziali di Gall avevano causato un gran indebolimento morale e materiale della difesa.

I reparti della R.S.I. ebbero circa una quarantina di caduti, fra i quali 12 militi della G.N.R., cui sono da aggiungere i marinai morti il 29 giugno sul MAS 562 (CC. Biffignandi) incendiato dopo uno scontro nel Canale di Piombino con P.T. americane[34].

Malgrado la dura e inaspettata resistenza dei due battaglioni tedeschi e delle batterie costiere dell'Esercito Nazionale Repubblicano, il 20 giugno le truppe italo-tedesche del generale Gall evacuarono l'isola, dove si verificarono numerosi casi di violenza sui civili, nei quali oltre ai *goumiers* ed a senegalesi si distinsero in particolare i corsi.

Esulando dall'argomento del presente lavoro ci limiteremo a citare un estratto dal rapporto ufficiale dell'Arma dei RR. Carabinieri firmato dal Comandante Generale dell'Arma generale Taddeo Orlando, del 21 settembre del 1944:

Comando generale dell'Arma dei Carabinieri Reali,
Ufficio servizio - Situazione e collegamenti,
 protocollo numero 67/16,

---

[33] Ibid.

[34] Ibid.

Oggetto: Isola d'Elba- Violenze commesse dalle truppe coloniali francesi a danno della popolazione.

21 settembre 1944.

Il 17 giugno 1944, alle ore 2 circa, avevano inizio le operazioni militari per la liberazione dell'Elba, che, superata la difesa – in alcune zone accanita – dei reparti tedeschi e repubblicani, veniva completamente liberata il 19 successivo. Le operazioni furono compiute da una divisione di fanteria coloniale degaullista, su due brigate (17.400 uomini), appoggiata da oltre 10 batterie di medi e grossi calibri. Trattavasi di truppe di colore senegalesi e marocchini inquadrate da ufficiali francesi, molti dei quali còrsi.

Terminate le operazioni, queste truppe si abbandonavano, verso la popolazione dell'isola, ad ogni sorta di eccessi, violentando, rapinando, derubando, depredando paesi e case coloniche, razziando bestiame, vino, ed uccidendo coloro che tentavano opporsi ai loro arbitri. Dettero l'impressione alla popolazione atterrita di voler sfogare un profondo sentimento di vendetta e di odio. Gli ufficiali assistettero indifferenti a tanto scempio, soliti rispondere a coloro che ne invocavano l'intervento: "È la guerra...sono dei selvaggi...non c'è nulla da fare...questo è nulla in confronto a ciò che hanno fatto gli italiani in Corsica". I più accaniti si dimostrarono i còrsi.

Nella popolazione – che aveva atteso con ansia, durante lunghi mesi di persecuzione tedesca, il momento della liberazione – corse un'ondata di indignazione. Abbandonata, si ritirò, dalle case, sulle montagne e attese il ritorno alla normalità, che si ebbe solo con le partenze di questi reparti, avvenuta 25 giorni dopo. Perché gli eccessi commessi e specie gli atti di libidine compiuti siano noti alle autorità centrali, l'Arma locale ha compiuto al riguardo diligenti accertamenti che hanno dato il seguente risultato statistico: [...]

Violenze commesse su donne, ragazze e bambini: n. 191 casi; oltre 30 tentate violenze su donne ed una su bambino;

[...] in Capoliveri, ucciso il padre che tentava opporsi alla violenza su una figlia (egualmente violata dopo l'assassinio del genitore); in Portolongone, uccisi due uomini che cercavano di impedire violenze sulle loro spose; in Campo nell'Elba, uccisi due uomini che tentavano opporsi alle violenze sulle loro donne, ed altro uomo che voleva impedire il saccheggio della propria casa; in Portoferraio ucciso il padre che tentava opporsi alla violenza sulla propria figlia; trucidati due uomini mentre, da un rifugio, cercavano raggiungere la propria abitazione per prendervi generi da mangiare; ucciso un giovane studente da un sottufficiale còrso "*perché la di lui madre piangesse*"; sempre in Portoferraio – durante il coprifuoco – un soldato marocchino, infine, freddava, con due colpi di fucile, una ragazza del luogo ed un sottufficiale francese che si accompagnava con lei [...]

d) - FURTI:

a migliaia, per un importo di milioni di lire;

[...]

f) ECCESSI VARI

venne- in territorio di Portolongone, incendiata una casa colonica, completamente arredata; sequestrati apparecchi radio, macchine da scrivere, mobili vari;

g) il comportamento verso l'Arma fu anche deplorevole. Sottufficiali e carabinieri percossi e derubati di portafogli e orologi.

Un carabiniere deportato in Corsica e rilasciato dopo 10 giorni. Le caserme saccheggiate e devastate.

IL GENERALE DI CORPO D?ARMATA
COMANDANTE GENERALE
Taddeo Orlando[35].

Tutto il solito strascico di violenze e crimini, insomma, che accompagnava la *liberazione*.

Violenze contro i civili a parte, l'operazione *Brassard*, tanto esaltata in Francia, fu abbastanza grottesca: malgrado la strapotenza numerica non solo i francesi vennero messi in gravi difficoltà per quattro giorni da truppe di seconda linea che combattevano uno contro dieci e senza appoggio aereo, ma poco mancò che anche le operazioni di sbarco si concludessero in un disastro. Un risultato decisamente poco napoleonico e militarmente insignificante.

Il 15 agosto 1944 gli alleati sbarcarono in Provenza; tra essi duemila *goumiers*, la gran parte dei quali veterani della campagna d'Italia, inquadrati nella 1er Armée del generale de Lattre de Tassigny; erano presenti il 1er, il 2e, reduce dell'occupazione dell'Elba, ed il 3e GTM, che svolsero un ruolo importante nell'occupazione di Marsiglia, tanto che de Lattre ebbe a dire che *Jamais la route des Maures n'a autant justifié son nom.*

I tre GTM e il 7e RTA conquistarono la città, catturando 8.600 tedeschi ed un centinaio di cannoni; il 29 agosto i *Tabors* sfilarono sulla Canebière; Guillaume venne promosso sul campo generale di divisione ed ebbe il comando della 3e DIA, e lasciò il comando dei GTM al suo aiutante di campo e vecchio compagno di Saint Cyr, Emile Hogart: sotto di lui i *goumiers* combatterono sulle Alpi prima e poi in inverno sui Vosgi, sotto un clima rigidissimo che raggiunse i -25 gradi; nel febbraio del 1945 il 4e GTM, ricostituito dopo le pesantissime perdite subite in Italia sostituì il 3e GTM che venne rimpatriato e con il 1er ed il 2e GTM combattéa Strasburgo, a Colmar e nella foresta di Haguenau, e, passato il Reno e forzata la linea *Siegfrid* presso Lauterburg, i *goumiers* conquistarono Pforzeim e parteciparono all'occupazione di Stoccarda. In Germania ancora una volta si ripeterono stupri e violenze contro la popolazione civile, sia pure in misura inferiore che in Italia.

Al secondo conflitto mondiale, dallo sbarco alleato in Nord Africa del novembre 1942 al maggio 1945 parteciparono circa 22.000 *goumiers*.

Su un organico permanente di 12.000- 13.000 uomini, le perdite furono di 7.418 *goumiers*, il 33% della forza complessivamente mobilitata: 1.624 morti, 5.794 feriti, e quattro (!) prigionieri.

Per quel che riguarda il personale francese le perdite furono particolarmente pesanti. Su 210 ufficiali in forza ai *Tabors*, le perdite furono dell'88% del totale,

---

[35]Il ducumento è riprodotto integralmente in appendice.

ossia 185 tra morti e feriti; su 834 sottufficiali, la percentuale delle perdite fu del 57% , 476 uccisi o feriti.

Nello specifico, i *Tabors* ebbero 65 ufficiali e 133 sottufficiali caduti, 120 ufficiali e 343 sottufficiali feriti.

I *Tabors* ricevettero tra il 1942 ed il 1945 17 citazioni collettive sul bollettino dell'Esercito e nove sui bollettini di Corpo d'Armata oltre a ben 13.143 citazioni individuali.

Il 14 luglio 1945 i *Tabors* ricevettero da de Gaulle, alla vigilia della sfilata sugli *Champs Elysées* la bandiera tricolore, la prima mai concessa a reparti irregolari nella storia militare francese.

Dalla fine del 1948 al 1954 ben dieci *Tabors* combatterono in Indocina, soprattutto nel Tonchino, sulla *Route Coloniale* nr.4, nel Laos e nel Centre-Annam, contro i vietminh: i *Tabors* erano raggruppati nel GTMEO (*Groupement de Tabors Marocains en Extrême-Orient*) comandato successivamente dai colonnelli Lepage, Duparcmeur e Sore.

Inoccasione del conflitto in Indocina i *Tabors* ricevettero nuove insegne, rappresentanti un dragone trafitto dalla *koumia*, circondato da un cerchio simboleggiante l'Unione francese:

Les *goums*, incarnés par leur insigne, la *Koumia*, transpercent le dragon mythique extrême-oriental qui symbolise le communisme asiatique. Le croissant et l'étoile rappellent qu'ils appartiennent aux troupes marocaines.

Tuttavia le nuove insegne non piacquero ai *goumiers* che continuarono a preferire quelle tradizionali.

Nel corso dei feroci combattimenti sulla RC 4 dell'ottobre 1950, i comunisti attaccarono i *goumiers* con una proporzione di cinque ad uno; i *Tabors* 1er (*Capitaine* Feaugas), 3e (*Chef d'escadrons* de Chergé) ed 11e (*Chef de bataillon* Delcros) si batterono ferocemente; lo stesso Giap nelle proprie memorie ricorda a denti stretti l'eroismo dei *goumiers* del 5e *Tabor* che difesero il fiume Na Keo dai continui attacchi dei guerriglieri vietminh.

In Indocina i *goumiers* ebbero 787 morti in combattimenti o nei campi di prigionia comunisti, tra cui 57 ufficiali e sottufficiali.

I *goumiers* ricevettero otto nuove citazioni sui bollettini dell'esercito, di cui due ciascuna ai *Goum* 80e e 86e , così come due citazioni ricevette il 1er *Tabor*.

Dopo un breve impiego in Algeria e Tunisia contro gli indipendentisti, il 9 maggio 1956 i cinquanta *Goums Mixtes Marocains* lasciarono l'esercito francese per formare dieci battaglioni di fanteria dell'esercito del Regno del Marocco.

**Bivacco di *goumiers* durante la campagna di Germania,
acquarello di Siss (ca 1945)
(coll. Colloredo)**

4.
L'œil brûlant comme des loups.
Goums e Tabors: i reparti irregolari marocchini.

Regardez les goums qui passent
L'œil brûlant comme des loups.
Quoi qu'on dise, ou quoi qu'on fasse
Il faut bien compter sur nous.

Ma chi erano i *marruchini*, come ancor oggi vengono chiamati dagli abitanti dei paesi della Ciociaria i *goumiers* e per estensione tutti i soldati del CEF?

Le loro figure vestite con la *djellaba* ed intabarrate nei *burnous* a strisce bianche e marrone, il pugnale ricurvo portato alla cintura, la *koumia*, simbolo dei *Tabors*, le voci di sgozzamenti notturni, di orecchie e nasi mozzati ai nemici, *alimentavano una fama da incubo ancestrale*[36].

Troppo spesso sono stati confusi con i marocchini, gli algerini ed i tunisini dei reparti regolari del CEF, che portavano la divisa americana *olive drab* con l'elmetto francese Adrian M.le 26; le unità dell'*Armée d'Afrique* erano soggette ai regolamenti dell'esercito nazionale francese ed i loro reggimenti avevano la bandiera tricolore, mentre i *goumiers* (spesso detti *goums*) erano truppe irregolari: non indossavano la divisa ma portavano la *djellaba* di lana a strisce con sopra il *bournus*, come detto, e non un'uniforme regolare, i *serual* (pantaloni) e le calze senza piede dette *nail* . Come copricapo portavano la *rezza*, un tipico copricapo marocchino, il turbante kaki (*cheche*) e l'elmetto statunitense M17 della Grande Guerra.

I *goumiers* avevano una storia diversa dalle truppe regolari, e soprattutto furono creati per un impiego particolare.

I primi *Goums* (dall'arabo maghrebino قوم *qūm*, arabo classico قوم *qaūm*, tribù, popolo, e, per estensione, reparto[37]) nacquero in Algeria, alla fine dell'Ottocento, quando fu sperimentato l'arruolamento di piccoli reparti autoctoni da impiegare per il controllo di zone ritenute pericolose e soggette a sollevazioni anti francesi. Furono istituiti in Marocco nel 1908 come vera e propria forza di polizia scerif-

---

[36]https://www.cdsconlus.it/index.php/2016/10/23/il-caso-delle-donne-italiane-stuprate-durante-la-seconda-guerra-mondiale-al-centro-di-nuove-ricerche/ L'articolo di G. De Luca è spesso impreciso e abborracciato, confondendo i *goumiers* del GTM con i reparti regolari costituenti il rimanente del CEF.

[37]Le terme "goum" qui désigne une compagnie de *goumiers*, provient de l'arabe maghrébin "gūm" et de l'arabe classique "qawm", signifiant "tribu, peuple, gens" qui désigne les contingents de cavaliers armés que certaines tribus fournissent au chef du pays lorsqu'il fait une expédition

fiana, dipendente dall'amministrazione del Protettorato (*Boreaux des Affaire indigenes*) e non dal Ministero della Guerra, come tutte le unità delle forze armate, e furono da subito reclutati tra le tribù dell'Atlante.

Lo stato di truppe irregolari era ben più adatto alla mentalità berbera rispetto all'inquadramento in reparti regolari. Le prime truppe, sei *Goums*, vennero arruolate dal generale d'Amade, le cui istruzioni circa l'arruolamento mostrano quale fosse il carattere particolare dei *Tabors*:

Il reclutamento dei *goums* si effettuerà in ciascuna regione (...) I *goumiers* che vivranno con le proprie famiglie saranno raggruppati per *douar* in prossità dei fortini (...) Si terrà conto della personalità di ciascun goumier giacché il sentimento individualista e il proprio carattere sono particolarmente sviluppati nel marocchino.

Il *Goum* ricordava più una tribù nomade che un'unità regolare; e quest'aspetto di orda non mancherà di stupire, e di terrorizzare, la popolazione italiana- e poi quella tedesca- nel corso del secondo conflitto mondiale.

I *Goums*, comandati da un ufficiale inferiore dell'esercito francese, solitamente un capitano, diedero mediamente buona prova di sé. Il *Goum* viveva in appositi villaggi (*douar*) sulle montagne e costituiva una piccola unità autonoma, spesso legata da vincoli familiari o di amicizia con le tribù locali.

Dal numero iniziale di sei nel 1908, i *Goums* divennero progressivamente più di cinquanta, i quali controllavano un'area che andava dai monti dell'Atlante sino al Sahara.

Non tutti i *Goums* erano sullo stesso piano quanto a capacità combattive: molto dipendeva dalla capacità del capitano comandante, cui gli uomini erano legati a livello personale, come ricorda anche una strofa del *Chant des goumiers*:

Vêtus de nos robes de laine,
Nous avons laissé nos troupeaux,
Notre montagne ou notre plaine
Pour ne connaître qu'un drapeau,
C'est le fanion d'un capitaine.
Notre destin est le plus beau.

Alcuni Goums tendevano a sbandarsi più facilmente sotto il fuoco dei ribelli, ma tutti si mostrarono implacabili nel loro compito di controguerriglia e di forza ausiliaria, garantendo un costante controllo delle zone di frontiera; si trattava di truppe fatte per la *petit guerre*, la guerriglia: esplorazioni, pattuglie, imboscate, rastrellamenti, scorta alle colonne, operazioni nelle quali si distinsero particolarmente i *Goums Mixtes Marocains* (GMM), formati da fanteria e cavalleria, più mobili quindi rispetto ai *Goums* appiedati.

Come accennato, i *goumiers* erano arruolati esclusivamente tra le popolazioni berbere dell'Atlante e del Riff. E' necessario quindi dedicare qualche parola a proposito di queste popolazioni.

I berberi sono una popolazione originaria del Nordafrica, di ceppo mediterraneo, la cui presenza nella zona è largamente testimoniata ben prima della conquista araba e dell'islamizzazione e arabizzazione del Maghreb (*Occidente* in arabo). Spesso i berberi hanno spesso occhi chiari ed i capelli rossi o biondi, a differenza delle popolazioni semitiche o africane. Ancor oggi portano il cranio rasato con una treccia laterale, la *guettaia*, già documentata nel secondo millennio avanti Cristo, nelle rappresentazioni egizie del Nuovo Regno di libici (*Rwbw* e *Mšwš*) [38].

Le regioni dell'Africa del nord, che si estendono dai confini occidentali dell'Egitto fino all'Atlantico, sono state in epoca storica teatro di conquiste e di immigrazioni, di imprese commerciali e di colonizzazione per parte di genti diverse provenienti dall'Asia e dall'Europa; così, tra le principali e più note, quelle dei Fenici, dei Greci, dei Romani, dei Vandali, dei Bizantini, degli Arabi, degli Spagnoli, dei Turchi e infine delle potenze coloniali odierne. Di fronte a questa sovrapposizione politica, culturale e talvolta etnica di elementi allogeni, la storia ci mostra stanziata in quelle regioni fin da epoca remota una popolazione che si può chiamare più propriamente indigena, cioè quella dei Berberi. Essa costituisce quindi il fondo etnico primitivo della Cirenaica, della Tripolitania, della Tunisia, dell'Algeria e del Marocco. Il nome "Berberi" diffuso in Europa non risale agli stessi indigeni ma agli Arabi, che, conquistando quelle regioni, chiamarono "al-Barbar" tutte le popolazioni non di origine coloniale [bizantini e visigoti, nda], che vi trovarono. È verosimile che gli Arabi venendo a contatto, specialmente nelle città costiere, coi residui dell'elemento greco e latino, e sentendo da essi il nome βάρβαροι e *barbari* applicato agl'indigeni, ne derivassero la loro designazione: ma la cosa non è del tutto certa, perché vi è qualche traccia di nomi proprî di frazioni della stirpe originaria da cui potrebbe essere derivato il nome "al-Barbar" con susseguente estensione a tutto il complesso della popolazione. Ad ogni modo presso i Berberi attuali quel nome è generalmente inteso come d'origine straniera: mentre i singoli loro gruppi usano, per designarsi, nomi particolari, e tra di essi parecchi quello di Imāzīghen, che appare qua e là con varietà fonetiche e morfologiche (Imūshāgh, Imūhāgh, ecc.) e che esisteva anche nell'antichità, come si rileva dalle forme ellenizzate e latinizzate di Μάζικες, *Mazices*. A sua volta qualche gruppo che designa sé stesso col nome di Imāzīghen applica lo stesso nome a tutte le altre popolazioni parlanti berbero, sicché esso si può ritenere come il nome nazionale maggiormente diffuso[39].

L'etimologia e il significato di questa parola non è univoco: generalmente, dovrebbe indicare il concetto di uomini liberi, anche se secondo un'altra interpretazione significherebbe *nobili*.
Il numero dei berberofoni che abitano nei soli Marocco e Algeria si aggira attualmente sui cinquanta milioni.
Le zone ove si è mantenuto il berbero vanno, in linea generale, aumentando di

---

[38]Dans les années 40, le berbére est encore une entité ethnique tribale à fort esprit clanique le démarquant des arabo-musulmans du magréb: le goumier a le crane rase à l'exception d'une touffe de cheveux au centre du crâne...cette touffe est tresser en une plus ou moins longue natte, appellée *guettaia*

[39]F. Beguinot, "Berberi", *Enciclopedia Italiana*, II, Roma 1930, ad vocem.

numero e d'importanza a mano a mano che si procede dall'est verso l'ovest, per modo che la regione più arabizzata è la Cirenaica, mentre quella che più ha conservato l'antico linguaggio è il Marocco. Circa la posizione glottologica del berbero è da ricordare che esso appartiene alla famiglia dei linguaggi camitici, diffusi nell'Africa settentrionale e nord-orientale, e che comprende anche l'antico egiziano, il hausa, i dialetti cuscitici dell'Abissinia, il galla, il somali, ecc. Egiziano e berbero hanno nessi più stretti, sì da potersi considerare come formanti un gruppo a sé, il camitico settentrionale. A loro volta le lingue camitiche presentano indubbie tracce di affinità con quelle semitiche, tanto che si può ammettere un originario nesso camito-semitico, sebbene esso non sia stato finora analizzato completamente. Sono stati fatti pure tentativi per comparare il berbero con altri linguaggi, come il basco, l'etrusco, ecc.[40].

Dunque è profondamente errato il termine di truppe di colore o anche *negri* utilizzata per i *goumiers* da certa memorialistica e da certa storiografia!

Un ufficiale del 4e RTT, il futuro generale di divisione Jean Murat, così descrive nel proprio diario un *goumier* che nel giugno 1944, separato dal proprio *Goum*, si è unito alla sua unità in attesa di rintracciarlo, in una descrizione che è un vero ritratto psicologico e antropologico dei *goumiers* e delle loro differenze con i soldati arabi:

21 giugno 1944.

Da qualche giorno ho un nuovo inquilino nella mia sezione. E' un *goumier* che s'è aggregato. In cerca di rapina, ha approfittato di una pausa e s'è allontanato per qualche momento dalla sua unità. Al suo ritorno il *goum* non era più là.

E' uno spilungone secco, solido e angoloso; lo sguardo penetrante e il lungo naso aquilino, piantato in una faccia tagliata con l'accetta fanno immediatamente pensare ad un'aquila. Una treccia che scende dal cranio rasato e un sottile collare di barba si aggiungono alla maestà del viso.

Tutto, tranne la religione, differenzia il berbero marocchino delle alte montagne [l'Atlante, ndA] dai miei tunisini, arabi più o meno nomadi delle piuanure. Anche la sua tenuta è diversa: casco inglese, vera catinella da barbiere, *djellaba* bruna, calze di lana grossa e *naail*, che gli donano un passo elastico e silenzioso.

E' silenzioso, chiuso, segreto e indipendente. Parla poco, forse perchè, ad ogni modo berberi e tunisini si capiscono male, e mangia da solo.

Non s'è in nessun modo integrato in questa sezione tunisina, che ignora deliberatamente. Mi accetterà come suo ufficiale? Non penso. Non riconosce sicuramente che gli ufficiali del suo *tabor* e forse solo il suo comandante di *goum*.

Quando si unirà alla sua unità. sarà punito con diversi giorni di *tomba*. E' una punizione durissima. Quello che lo preoccupa di più è il disprezzo generale che dovrà subire prima dal suo capitano e poi dagli altri *goumiers*.

Tutto il *goum* sfilerà davanti a lui e gli sputerà addosso. Quest'idea gli è insopportabile. Gli ho promesso di riportarlo al suo *goum* quando saremo a riposo, e in quel momento, di dire ai suoi capi che non è assolutamente un disertore, perché ha combattuto tra le

---

[40]Ibid.

nostre fila, e lo ha fatto bene[41].

A partire dal 1942, soprattutto grazie agli sforzi dell'allora colonnello Augustin Guillaume, i *Goums* cominciarono ad avere una struttura militare clandestina che ne moltiplicò il numero. Dopo l'arrivo degli Alleati, si pensò di organizzarli in *Tabor*[42] (equivalente di un battaglione) e *Goums* (equivalente di una compagnia). Tre *Tabors* formavano un *Groupe de Tabors marocains*, equivalente al reggimento dell'esercito.

Cinque *Goums* formavano un *Tabor*. Tre *Tabors* formavano un *Groupement de Tabors Marocains* (GMT).

Nel 1944, un *Goum* di fanteria comprendeva un comandante di *Goum*, di solito un capitano, più un tenente quale ufficiale subalterno, tre *Sections de combat* ciascuna su due sottufficiali francesi, due gruppi di fanteria marocchina, un gruppo d'assalto.

Gli effettivi totali erano di due ufficiali, 12 sottufficiali francesi, 209 *goumiers* marocchini.

Equipaggiamento : 9 fucili mitragliatori; 1 mortaio da 60mm; 4 *rocketgun* ; 2 mitragliatrici leggere; 21 pistole mitragliatrici ; 9 lanciagranate ; 14 cavalli; 28 muli ; una jeep; un camion da 2,5 t; una radio S.C.R. 284; quattro radio S.C.R. 536.

Gli effettivi totali di un G.T.M. erano di 50 ufficiali comandati da un colonnello; 165 sottufficiali e graduati francesi; 2.727 *goumiers* marocchini; 375 cavalli e 410 muli.

La nuova organizzazione, affidata ad ufficiali dell'esercito, diede buona prova nella campagna di Tunisia. Gli americani apprezzarono i *goumiers* e li equipaggiarono ed armarono. In effetti, se usati correttamente, potevano risultare *preziosi* in attività di esplorazione o in azioni di sorpresa su terreni particolarmente accidentati. Erano noti per la loro resistenza e la loro velocità nella marcia, per la loro parsimonia e per la mira infallibile.

I *goumiers* erano soldati abilissimi nella guerra di montagna e silenziosi di notte, ambito quest'ultimo nel quale preferivano il coltello alle armi da fuoco. Vivevano con poco e non conoscevano quasi la fatica, abituati come erano alle lunghe marce a piedi tra le alture del Riff.

I *goumiers* e i militari della divisione da montagna [la 4e DMM, ndA] erano in realtà molto efficienti se utilizzati in terreno caratterizzato da rilievi anche elevati e privo di vie di comunicazione; erano inadatti, al contrario degli alpini tedeschi, austriaci, francesi e italiani, al soggiorno e al combattimento ad alta quota per il quale, tra l'altro, non avevano la necessaria attrezzatura, costituita da ramponi, chiodi, piccozze, corde, indispensabili all'arrampicata in parete. Quello che ha tratto in inganno il grande pubblico e anche gli studiosi meno attenti è la grande capacità operativa delle truppe coloniali su ter-

---

[41] http://www.aaminf.fr/page.php?page=sall

[42] Anche italiani e spagnoli avevano reparti equivalenti: nel Regio Corpo Truppe Coloniali della Libia il *Tabur*, diviso in *Mustabur*, nell'esercito spagnolo i *Tabores de Regulares de Marruecos*.

reno rotto; in questa tipologia di teatro, infatti, avevano una grande flessibilità, dovuta alla disponibilità di animali da soma, oltre che alla familiarità con il terreno montagnoso dove erano nati [...] Il risultato era quello di vederli dirigersi verso l'obiettivo senza seguire alcun percorso predefinito e adattandosi alla morfologia del terreno [...] i coloniali, specie gli irregolari dell'Atlante, riuscivano dovunque utilizzati a superare sui fianchi i punti di arroccamento tedeschi; dove la linea germanica aveva carattere di continuità ed era sviluppata in profondità per cui non si riusciva a filtrare, i nordafricani, specie i marocchini, avanzavano a ondate, senza mantenere l'organicità dei reparti, indifferenti alle perdite e intimoriti soltanto dall'uso dei lanciafiamme[43].

Jean- Charles Notin nel suo apologetico *La campagne d'Italie. Les victoires oubliées de la France, 1943-1945*[44] ricorda come i marocchini non si arruolarono per patriottismo (e perché poi?) ma per altre ragioni: la prospettiva di un salario sicuro, la possibilità di acquistare prestigio guerriero, la fedeltà ai loro clan.

I *goumiers* erano gente di montagna, sovente ribelli o figli di quei ribelli i cui villaggi montani erano stati distrutti dai legionari e dalla *Coloniale* di Lyautey al tempo della rivolta dell'Atlante, analfabeti nei cui confronti gli ufficiali francesi dovevano essere di volta in volta padri, saggi consiglieri spirituali, capi tribù, boia.

Il *goumier* resta un uomo libero. Firma per un anno e sceglie il proprio *goum*, ed il proprio ufficiale, al quale si lega da uomo a uomo[45].

Notin ricorda ancora come i *goumiers* andassero all'attacco salmodiando la *Chahada* (*la illah illah Allah wa Mouhammad Rassoul Illah, non c'è altro dio all'infuori di Dio, e Muhammad è il Profeta di Dio*),- in realtà il loro grido di battaglia era *Zidouh l'gouddem! In avanti!*- che costituiva il motto del GTM- e ancora come catturassero prigionieri tedeschi per rivenderli -500-600 franchi per un soldato semplice, il triplo per un ufficiale superiore- ai militari americani desiderosi di costruirsi una reputazione guerriera senza rischiare.
Una curiosità dei *goumiers* era l'onnipresenza degli ovini, soprattutto dei montoni, che si portavano costantemente dietro in quanto elemento base del loro rancio:

Ma ciò che soprattutto distingue il *goumier* dagli altri soldati, sulle strade d'Europa, sono gli ovini, i loro eteni ovini che portano legati con una corda lungo la colonna, o tra le loro braccia quando sono a dorso di mulo![46]

In Italia erano ovviamente frutto dei saccheggi ai danni della popolazione civile. L'esercito francese del 1939 era composto da unità metropolitane e da unità pro-

---

[43]F. Carloni, *Il Corpo di Spedizione Francese in Italia*, Milano, 2006, pp. 26-27
[44]Paris 2002.
[45]http://www.francisboulbes.com/index.php?Mod=SITE&page=25
[46]Ibid.

venienti da tutte le colonie. Fra di loro si distinguevano quelle provenienti dal Nord Africa, alle quali attribuire il termine "coloniali" è forse improprio. L'Algeria era di fatto territorio nazionale francese, mentre il Marocco e la Tunisia erano dei protettorati. In Marocco, in particolare, veniva riconosciuto lo stato nazionale al cui vertice era il sultano Mohammed Ben Youssuf, futuro re Mohammed V.

Nel 1939, allo scoppio delle ostilità, il sultano in uno storico discorso che fece tirare un gran sospiro di sollievo al governo francese, si dichiarò solidale con la Francia e disposto a combattere la guerra contro i nazisti. Dopo l'armistizio con Germania ed Italia del giugno 1940, la Francia fu divisa in due parti. Una larga fetta del suolo nazionale cadde sotto l'occupazione militare tedesca e italiana; il resto fu lasciato all'amministrazione francese, sotto la guida del maresciallo Pétain, così come colonie e protettorati sparsi per il mondo. Tra le clausole previste dall'armistizio, ve n'erano alcune che consentirono allo stato francese di mantenere una ridotta forza armata. In Marocco ed Algeria fu permesso di mantenere un contingente in armi solo per garantire l'ordine pubblico.

Malgrado i controlli delle commissioni d'armistizio tedesche ed italiane, i francesi costituirono clandestinamente numerose unità militari, fra le quali numerosi *Goums*, i cui uomini furono spacciati per gruppi di operai e braccianti agricoli.

Nel novembre 1942, quando americani ed inglesi sbarcarono in Marocco ed Algeria, le autorità francesi, formalmente sotto l'egida del governo del maresciallo Pétain, dopo una contenuta resistenza, si schierarono dalla parte degli Alleati. Il generale Alphonse Juin, capo di stato maggiore dell'*Armée d'Afrique*, fu in grado di offrire agli Alleati un certo numero di unità militari addestrate e ben disciplinate. Queste furono potenziate, equipaggiate ed armate dagli americani, prendendo parte alla campagna in Tunisia. Esse giocarono un ruolo essenziale nella rinascita dell'esercito francese dopo la disfatta del 1940.

In Algeria tutti erano tenuti a prestare il servizio militare secondo le leggi nazionali francesi; in Marocco ed in Tunisia invece fu dato sviluppo ad un servizio volontario, che ebbe grande successo specie in Marocco. Per molti giovani servire nell'esercito era un'importante fonte di guadagno, ma anche di prestigio. I reparti che formarono l'*Armée d'Afrique*, compresi i *goumiers*, erano misti, cioè formati da francesi ed indigeni, con una larga predominanza francese tra gli ufficiali. Secondo i dati pubblicati da Paul Gaujac, *Le Corps Expéditionnaire Français en Italie*[47], un reggimento di fanteria era composto da 92 ufficiali, 406 sottufficiali, 2.612 uomini di truppa per un totale di 3.110 uomini. La percentuale di nordafricani era del 69% ed essa diminuiva fortemente nei reparti addetti ai comandi.

Nei reggimenti tipo montagna (4e DMM) la proporzione di indigeni saliva al 77 %, così come presso i Gruppi di *Tabors* marocchini. Nei reparti con funzioni più specialistiche la percentuale diminuiva: ricognizione 13%, caccia carri 21%, antiaerea 32 %, trasmissioni 41%, genio 43%, sanità 49%, artiglieria 36 %.

---

[47]Paris, 2003

Le prime truppe del *Corps Expeditionnaire Français* la 2e DIM e il 4e *Grupement de Tabors Maroquins* (4e GTM) iniziarono a sbarcare nella zona di Napoli nell'ultima decade del novembre 1943. Esse furono assegnate al VI Corpo americano e furono avviate nel settore settentrionale del fronte di Cassino, dove furono impegnate nei primi combattimenti contro i tedeschi a Chiusa San Michele, monte Pantano, Mainarde. I successi ottenuti impressionarono i comandi statunitensi, all'inizio molto sospettosi sulle capacità militari dei francesi. Alla fine di dicembre, cominciarono a sbarcare le unità della 3a divisione di fanteria algerina (3e DIA) e del 3° *Groupement de Tabors* marocchini (3e GTM). Il 3 gennaio 1944, il Corpo di Spedizione Francese (CEF) sostituì sull'ala più settentrionale del fronte di Cassino il VI Corpo statunitense.

La prima notizia di uno stupro loro attribuibile secondo Notin è dell'11 dicembre 1943[48], nella zona delle Mainarde; si tratta di quattro casi che coinvolgevano – secondo fonti statunitensi della 36th US *Infantry Division* – i *goumiers* della 573a compagnia comandata da un sottotente francese *che sembrava incapace di controllarli*.

Notin annota: *sono i primi echi di comportamenti reali, o più spesso immaginari, di cui saranno accusati i marocchini.*

Quanto fossero *immaginari* avremo modo di vederlo più avanti.

Nel mese di marzo 1944, gli ufficiali francesi chiesero insistentemente di rafforzare il numero di prostitute al seguito delle le truppe nordafricane del CEF: occorreva ingaggiare 300 donne marocchine e 150 algerine; ne arrivarono solo 171, tutte marocchine. C'è da pensare che più che i *goums* ad utilizzarne i servizi furono i regolari delle truppe coloniali.

I *goumiers* vengono ancor oggi ritenuti dall'opinione pubblica gli unici responsabili delle violenze e degli stupri nel Basso Lazio ed in Ciociaria: ciò è indubbiamente vero in molti casi, ma assolutamente non in tutti. Vedremo come siano loro attribuite violenze in luoghi dove il GTM non mise mai piede, e che furono compiute da altri reparti del CEF. Come scritto sul sito de *La Koumia*, l'assiociazione dei veterani dei *Goums*,

La cattiva reputazione dei *goumiers* era legata al loro aspetto feroce ed alle maniere che non corrispondevano ai criteri europei. In una parola i *goumiers*, erano, agli occhi degli italiani, i nuovi barbari[49],

anche quando i veri responsabili delle violenze erano le truppe regolari, coloniali o francesi che fossero.

In effetti alcune presunte testimonianze lasciano assolutamente perplessi, in quanto semplicemente non hanno riscontro nella realtà.

Costantino Jadecola nella sua opera *Linea Gustav*[50] ha ricostruito il dramma del

---

[48]In realtà violenze carnali erano state compiute dal 4eme *Tabor* già in Sicilia nel luglio 1943.
[49]https://lakoumia.fr/histoire/marocchinate
[50]Sora, 1994.

passaggio della guerra attraverso i diari dei civili. In quello di Antonio Iannetta si legge:

Questi Africani, dei soldati avevano soltanto l'apparenza. Spesso neppure questa, ma soltanto le armi. Vestivano in modo trasandato. Avevano un'enorme lenzuolo intorno al corpo, un altro panno attorno alla testa. Erano sporchi, nel loro aspetto c'era molto di primitivo e di selvaggio.

Nel diario di Celestino Di Meo, di Vallerotonda, si legge invece:

Spesso s'incontravano per le vie del paese vestiti soltanto con delle mutande e giacchet-tine da donna, scalzi e col collo cinto con le fasce che si usano per fasciare i bambini. Erano sudicissimi. Prendevano l'acqua da bere in una pozzanghera (soglio) di mia pro-prietà a destra del lavatoio pubblico. Spesso cucinavano e mangiavano nei nostri urinali.

Evidenti esagerazioni; c'è da chiedersi se chi le ha scritte abbia mai visto un *goumier*, che di certo indossava *djellaba* e *bournus* ma non portava di sicuro *un'enorme lenzuolo intorno al corpo* o andava in giro con *mutande da donna* al posto dei *serouals*, se non altro perché la disciplina dei suoi ufficiali, almeno su questo, era assai severa! Sono testimonianze di pura fantasia, che lasciano quan-to meno dubbiosi, anche perché fin troppo spesso gli autori sono originari di pae-si dove non stazionarono mai i *goums* ma altre unità del CEF che, giova ripetere, indossavano la divisa regolare color *olive drab*. Ma se di notte tutti i gatti sono neri, nel ricordo tutti i militari del CEF diventano *goumiers*, e, nel dubbio, si inventa. Basti pensare che qualcuno ha voluto attribuire stupri ai *goumiers* anche nei comuni di Grottaferrata, Frascati, Rocca Priora ed in altri centri dei Castelli Romani dove non mise mai piede un soldato del GTM o del CEF[51].

In un'intervista apparsa sul giornale *Tuscolo* il ricercatore locale Stefano ha af-fermato di aver trovato prove documentali di violenze commesse ai Castelli dai *goumiers*. Ne riportiamo una parte:

Signor Paolucci, come ha scoperto questi documenti?

«Mi ci sono imbattuto, mentre svolgevo tutt'altre ricerche, nel fondo microfilmato della Commissione Alleata di Controllo e del Governo Militare Alleato conservato presso l'Archivio Centrale dello Stato, all'Eur. Un fondo ricchissimo (circa 20 milioni di carte) ma pressoché inesplorato, al punto che nel corso di un anno di ricerche ho incontrato solo un'altra persona in quella stanzetta. Oltre a essere poco noto, infatti, quel fondo è anche piuttosto disordinato, dispersivo e scomodo: quello che ne può emergere potrebbe insomma dar fastidio, o imbarazzare, o mettere in crisi certi storici. Così lo evitano, o non lo pubblicizzano. C'è davvero di tutto in quelle carte che va no dal 1943 al 1947, anche parecchi documenti riservati, confidential e top secret».

---

[51]F. Giusti, "Gli stupri dei Goumiers ai Castelli. La storia nascosta e le violenze dei soldati ma-rocchini", *Tuscolo*, n.182, 20/03/2013.

Per esempio questi questi documenti inediti sulle violenze subite dalle donne dei Castelli Romani per opera delle truppe di liberazione nel 1944. Di cosa si tratta?

«Di regolari denunce, quindi niente di veramente riservato. Ma il loro valore è un altro: queste denunce alle autorità Alleate, redatte di solito dai Carabinieri, a cui evidentemente si erano rivolti i familiari delle vittime, costituiscono la prima (e finora unica) documentazione storiograficamente certa sulle violenze carnali subite da non poche donne, e in alcuni casi bambine, dei nostri paesi. Nessuno ne aveva mai parlato. Invece ho trovato casi successi a Grottaferrata, a Frascati, a Rocca Priora, a Velletri. Ma sicuramente ce ne sono stati molti di più, solo che non ne fu fatta denuncia. In ogni caso, il tratto comune è che gli autori delle violenze furono sempre i soldati marocchini del Corpo di Spedizione Francese al seguito delle truppe Alleate: i famigerati goumiers»

Ripetiamo che non solo nessun *famigerato goumier*, ma neppure nessun *tirailleur*, nessuno *Chasseur d'Afrique* o legionario, nessun reparto marocchino, algerino, tunisino o francese risulta esser mai passato dai Castelli, proseguendo l'avanzata da Valmontone a Palestrina, Castel San Pietro e Cave, sino a Zagarolo, Tivoli e Salone.

Riportiamo dal lavoro del gen. Goutard le varie tappe dell'avanzata del CEF verso Roma, in cui i Colli Albani sono menzionati solo di sfuggita a proposito del II° Corpo d'Armata USA che occupò la zona:

Il 3 giugno i Colli Albani, ultima posizione a coprire Roma, sono occupati dal 2° C.A.U.S.[il II° Corpo d'Armata statunitense, ndA].
Il CEF spinge da parte sua in direzione di Roma, con l'obiettivo di continuare a coprire la 5ª Armata americana ad est della Strada n. 6 [la Casilina, ndA] e di Roma. La 3ᵉ DIA sbocca, quindi, all'alba da Colleferro a Valmontone e Zagarolo, senza incontrare una seria resistenza nemica. Alla fine della giornata, il 3ᵉ RTA e i corazzati [del 7ᵉ RCA, ndA] si radunano davanti alla stazione di Zagarolo ed il 7ᵉ RTA dà il cambio ad una unità americana davanti Palestrina.
La 2ᵉ DIM che doveva coprire la destra del CEF viene ritirata. Assai stanca, sarà rilevata, la mattina del 4, dalla 1er DMI. Il 4 giugno, in mattinata, il 7ᵉ RTA si impadronisce di Palestrina, poi di Castel San Pietro e di Cave, senza grossa resistenza, tanto che il gruppo Bonjour si porta a Gallicano.
La 3ᵉ DIA assicura la copertura della 5ª Armata, di fronte ai monti Prenestini, missione dalla quale sarà avvicendata dalla 1er DMI.
Il generale Juin, in effetti, temendo un contrattacco da nord a sud sulle nostre comunicazioni che si allungavano terribilmente, e desiderando disimpegnare la 3ᵉ DIA per la manovra verso Roma, aveva ottenuto l'allargamento della nostra zona verso nord della strada n. 6 e impegnò la 1er DMI in questo nuovo settore di copertura. Nel pomeriggio del 1 giugno [sic per 4, ndA] la 1er Brigade, dopo un percorso di 70 km sui camion, avvicenda gli elementi della 3ᵉ DIA a Cave, Palestrina e Gallicano, Subito il generale de Monsabert lancia sui camion il 3ᵉ RTA e i corazzati sul Teverone (o fiume Aniene, l'*Anio* dei romani) immediatamente ad est di Roma, per tagliare le comunicazioni dalla città verso est e di impadronirsi se possibile dei ponti prima che il nemico li faccia salta-

re[52].

Non il CEF era presente sui Colli Albani, dunque, ma il II° Corpo d'Armata statunitense, ai cui uomini vanno attribuiti eventuali casi di violenza[53] .

*La sera del 17 maggio
del 1944, mentre stavamo
riparate in grotta sul
Monte Pietre d'Guerra,
siamo state circondate
da un gruppo di marocchini
che fecero scempio dei
nostri corpi.*

*Cappelli Giulia 47
anni
Cappelli Teresina 53 anni
Moretti Rosa + 84 anni*

**Denuncia originale autografa di uno stupro subito da tre donne (la più an-
ziana, 84 anni, ha firmato con una croce) ad opera dei soldati marocchini, il
17 maggio 19**

---

[52]Goutard, cit., pp.128-129.
[53]Quelli cui si accenna nell'articolo risalgono all'otto giugno.

5.
Butin de guerre.
Il *Corps Expeditionnaire Français* contro i civili.

Sur le sol de la voie Appienne,
Nous avons traîné nos pieds nus.
Puis ce fut la course vers Sienne
L'ennemi fuyait éperdu.
Des baisers des belles romaines
Petit goumier, *te souviens-tu ?*

Le commandement français a clairement entretenu l'esprit de revanche des troupes à
l'égard des Italiens qui avaient "trahi la France". Résultat : les civils ont parfois été considérés comme le butin de cette guerre.

(L. Minano, *Libértion*, 15 marzo 2015)

Per le popolazioni locali con l'arrivo dei francesi stava per iniziare un incubo,
che sarebbe stato mascherato sotto la parola *liberazione*.
Sebbene siano conosciuti i manifesti della propaganda fascista (alcuni disegnati
da Gino Boccasile) che mettevano generalmente in guardia la popolazione dalle
truppe di colore alleate, il partigiano e storico locale Bruno D'Epiro scrive che
già prima della battaglia di Esperia un ricognitore tedesco aveva lanciato sui
monti Aurunci volantini che incitavano la popolazione a fuggire dalle prevedibili
violenze delle truppe nordafricane. Molti bambini furono evacuati dalla Guardia
Nazionale Repubblicana e inviati nelle colonie estive di Rimini, ma la maggior
parte della popolazione ciociara, stanca della guerra, si limitò ad aspettare, con
rassegnato distacco, il passaggio dei liberatori.
Dei soldati che si erano battuti magnificamente- probabilmente i *tabors* di Guillaume furono, esclusi i paracadutisti tedeschi, i migliori soldati presenti a Cassino, con 1.420 caduti, 6.600 feriti. 13. 143 citazioni individuali, 17 citazioni collettive all'ordine del giorno dell'Esercito, e 9 all' ordine del Corpo d'Armata a
fine guerra[54]- hanno macchiato per sempre di un'onta infamante la reputazione e
l'onore dell'esercito francese, dell'esercito che era stato di Condé, di Turenne, di
Hoche, di Kellermann, di Napoleone, di Petain e di Foch, l'esercito di Valmy,

---

[54]A. Guillaume, *Homme de guerre*, Paris 1977, p.185.

Marengo, Austerlitz, Solferino, della Marna e di Verdun.

Violenze volute contro *i fascisti*, perché con buona pace di chi oggi parla di *liberazione* per gli alleati gli italiani erano e rimanevano fascisti, macchiatisi per i francesi della "colpa" della dichiarazione di guerra del 1940 e di aver occupata la Francia meridionale e la Corsica con la IVa Armata- non ci si dimentichi che i francesi erano l'unico esercito alleato combattente in Italia il cui paese avesse subita la sia pur blanda occupazione italiana- fatto questo sempre ignorato dalla storiografia postbellica, quasi che a scatenare le violenze contro la popolazione fosse stata una qualche indole predatoria peculiare ai soldati nordafricani e non frutto d'una costante opera di propaganda anti-italiana da parte di ufficiali e sottufficiali francesi a partire dalla campagna di Tunisia: *les ritaliens* erano quelli che volevano annettersi Nizza, la la Savoia, la Corsica e la Tunisia, gli autori del *coup de poignard* del giugno 1940 contro la Francia in ginocchio... e dovevano pagarne le conseguenze.

Ciò che viene ammesso in Francia ma taciuto per pelosa opportunità politica in Italia: come afferma Julie Le Gac, autrice di *Vaincre sans gloire - le corps expéditionnaire français en Italie* che ha ricevuto il *Prix d'histoire militaire du ministère de la Défense*,

...Questi crimini ebbero luogo principalmente a primavera per lo scompenso dovuto al blocco della situazione militare durante l'inverno, la rabbia dei francesi di fronte agli italiani, che consideravano i traditori del 1940[55].

E ancora, citando un articolo sulle marocchinate apparso sul giornale francese *gauchiste Libération*:

D'altro canto il comando francese ha chiaramente tenuto vivo lo spirito di vendetta delle truppe verso gli italiani che "avevano tradito la Francia". Risultato: i civi sono stati spesso considerati come il bottino di questa guerra[56].

Infine, basti leggere il sito de *La Koumia*, associazione dei veterani dei *Tabors*:

Infine, il conflitto franco- italiano è lungi dall'essere risolto nel 1944. Il generale de gaulle è furioso che le Francia non figuri tra i firmatari dell'armistizio del 3 settembre 1943 con l'Italia, ciò che esclude la Francia dal ricevere il pagamento delle spese

---

[55]...Ces exactions qui ont eu lieu principalement au printemps par la décompensation due au blocage de la situation militaire pendant l'hiver, le mépris des Français vis-à-vis des Italiens qu'ils considéraient comme les traîtres de 1940: Julie Le Gac, *Vaincre sans gloire - le corps expéditionnaire français en Italie*, Les Belles Lettres - Ministère de la Défense-DPMA, 2013, p. 614.

[56]Par ailleurs, le commandement français a clairement entretenu l'esprit de revanche des troupes à l'égard des Italiens qui avaient "trahi la France". Résultat : les civils ont parfois été considérés comme le butin de cette guerre: L. Minano, *Elle avait 17 ans et elle a été violée par 40 soldats*, "Libération", 15/05/2015, consultabile su
http://www.liberation.fr/societe/2015/05/15/elle-avait-17-ans-et-elle-a-ete-violee-par-40-soldats_1310075

d'occupazione. Non è neanche pronto a riconoscere l'Italia come un vero alleato prima della soppressione dello statuto privilegiato degli italiani di Tunisia, la soluzione della questione del Fezzan e della fascia di Aozou in Ciad[57]. Nell'aprile 1945 de Gaulle fece occupare la val d'Aosta, in Piemonte, che voleva annettere. I militari francesi non hanno dimenticato il colpo di pugnale del 10 giugno 1940. Il generale Juin si era ben guardato dall'essere presente quando il Principe di Piemonte si era recato ad ispezionare la brigata italiana Utili [il Raggruppamento Motorizzato Italiano, ndA], piazzato alle dipendenze del generale Guillaume. *"Nessuno al* CEF *teneva particolarmente a mettersi in ordine per il vecchio comandante del gruppo d'armate impegnato contro la Francia nel 1940*[58] *"*

A ciò non era ovviamente estraneo il volersi rifare una verginità politica nei confronti degli alleati, dato che Juin, Guillaume e gli altri capi del CEF s'erano affrettati ad aderire, nel 1940, all'*Etat National* del Maresciallo Petain, fiancheggiando gli italo-tedeschi, salvo passare dalla parte del vincitore dopo la riuscita dell'operazione *Torch*, lo sbarco anglo-americano nel Nordafrica francese del novembre 1942. L'intransigenza verso i *fascisti* italiani si sarebbe dimostrata utile nel *curriculum* di Juin e degli altri per mascherare il proprio passato fin troppo recente di collaborazionisti e con ciòfar dimenticare l'adesione al regime di Vichy.

Anche in Italia, l'immagine volutamente falsata e riduttiva che si ha delle *marocchinate* è quella del film di De Sica del 1962 che valse l'Oscar alla ventiseienne Sophia Loren - Anna Magnani, che avrebbe dovuto interpretare la parte di Cesira (ringiovanita apposta per la Loren: nel libro di Moravia la protagonista ha più di cinquant'anni) affermò che se i marocchini non avessero violentate la Loren e Eleanore Brown sarebbero stati dei cretini- in cui le violenze del CEF sono praticamente ridotte ad uno stupro notturno da parte di un gruppo di *goums* senza che si avverta il clima di terrore e di violenze di massa vissute dalla popolazione ciociara, tanto che nel film succitato madre e figlia il giorno dopo possono andare in giro tranquillamente chiedendo anche passaggi a sconosciuti! Ben altro trattamento nel film, incidentalmente, è riservato a tedeschi e fascisti.

A proposito dei crimini commessi dai coloniali francesi, su cui esiste una vasta

---

[57]Assegnata all'Italia dagli accordi Mussolini- Laval del 1935; la stessa questione sarà all'origine del conflitto tra il Ciad, appoggiato dalla Francia, e e la Libia di Gheddafi nel 1978 e proseguita sino al 1987.

[58]Ensuite le conflit franco-italien est loin d'être réglé en 1944. Le général de Gaulle est furieux que la France ne figure pas parmi les signataires de l'armistice du 3 septembre 1943 avec l'Italie, ce qui exclut de facto la France du paiement de frais d'occupation. Il n'est pas prêt non plus à reconnaître l'Italie comme une véritable alliée avant la suppression du statut privilégié des Italiens en Tunisie, le règlement de la question du Fezzan et de la bande d'Aozou au Tchad. En avril 1945 de Gaulle fait occuper le Val d'Aoste au Piémont qu'il souhaite annexer. Les militaires français n'ont pas oublié le coup de poignard dans le dos du 10 juin 1940. Le général Juin s'était bien gardé d'être présent quand le prince de Piémont était venu inspecter la brigade italienne Utili, placée sous les ordres du général Guillaume. « *Personne au CEF ne tenait spécialement à se mettre en frais pour l'ancien commandant du groupe d'armées engagé contre la France en 1940»*: https://lakoumia.fr/histoire/marocchinate#ftnref9

letteratura, non sempre attendibile, ci limitiamo a proporre un breve riassunto di quanto avvenuto.

Gli stupri delle truppe dei *Tabors* marocchini cominciarono già nel luglio 1943, con lo sbarco alleato in Sicilia e l'invasione dell'Italia. Gli 832 marocchini del 4e *Tabor* aggregato agli statunitensi che sbarcarono a Licata, compirono saccheggi e violentarono donne e bambini presso il paese di Capizzi, vicino Troina. Il racconto delle siciliane stuprate è spesso reticente, come nella testimonianza di un'anziana, nata nel 1922, all'epoca dunque ventunenne:

Nel caseggiato dove mio padre allevava la mandria, io ero la più grande dopo mia madre e successe quello che volle Dio.

Anche nella vicina Cerami accaddero episodi simili. Una donna allora sedicenne ricorda:

Noi nel 1943 sfollammo in campagna in una masseria di mio zio. Mi ricordo la fame e lo spavento perché i marocchini si rubavano le femmine. Io sono di Cerami e i marocchini vennero in campagna a cercare da mangiare. Facevano paura solo a guardarli.

E ancora:

Da questa violenza a Capizzi nacquero anche figli. Ma gli uomini se le tenevano le donne violentate perché non si erano passate un capriccio, ma era stata una disgrazia, perciò non le abbandonavano.

In Sicilia non sempre i *goumiers* del 4e *Tabor* poterono compiere impunemente le violenze che diverranno tristemente abituali nel corso della campagna d'Italia. Ricorda un testimone con orgoglio come gli abitanti di Capizzi *ne ammazzarono tanti di marocchini*, e come quella fosse *la guerra della città di Capizzi contro il liberatori*:

Gli inglesi portarono i marocchini in Sicilia perché dicevano che in Sicilia *semu sarbaggi* perciò ci volevano selvaggi come noi.
I marocchini erano di bassa statura e color marrone in faccia, vestiti con una coperta lunga [si riferisce al bournus, ndA], avevano capelli lunghi e intrecciati e portavano turbanti (...). Ma siccome gli inglesi non ci difendevano, i capizzuoti ne ammazzarono tanti di marocchini, a colpi di bastone e con le roncole. Tanto danno facemmo loro, più di quanto loro non ne fecero a noi con le loro marocchinate. I marocchini venivano nelle masserie a truppa e facevano i comodi loro. Le donne di tre famiglie le violentarono, madri, zie, cognate, sorelle e figlie, tenendo gli uomini sotto la *scopetta* [il fucile ndA] e perciò non potevano reagire. Violentarono una ragazza di 16 anni che era andata sola a prendere l'acqua alla sorgente. Ma i capizzuoti *non se la tenevano* e fecero un'imboscata nel bosco. Una volta, al pascolo nel bosco trovai un elmetto, incuriosito mi avvicinai e dentro ci trovai la testa di un marocchino a cui l'avevano tagliata con l'ascia. Quella fu la guerra della città di Capizzi contro il liberatori, *i vinnignammu* [facemmo vendemmia di

loro] con una guerriglia.

Un altro, all'epoca bambino di otto anni, testimonia come

Venivano a gruppi sui muli ed erano neri, *s'ammuccavunu zoccu capitava, magari i fimmini, certu, masculi erunu!* [Prendevano e mangiavano ciò che capitava, anche le femmine, certo, erano maschi!]. Ma erano selvaggi e *i fimmini i marturiavunu* [le donne le martirizzavano]
. Una volta *maritu e mugghieri ammazzàru un marucchinu insieme*. Siccome venivano a truppa, se in una masseria c'erano due, tre femmine, se le facevano tutte.

E un altro, all'epoca dei fatti dodicenne ricorda come i *capizzuoti li ammazzarono e li diedero da mangiare ai porci*:

I *Miricani* si mettevano i marocchini davanti perché erano selvaggi. Ma i capizzuoti li ammazzarono e li diedero da mangiare ai porci. Quando potevano le donne se le nascondevano, ma queste lavoravano in campagna, raccoglievano le fave, strappavano l'erba intorno al grano verde, pulivano il grano per portarlo al mulino, non era facile tenerle nascoste[59].

Veniamo al Basso Lazio ed al maggio 1944.
Ad Ausonia decine di donne furono violentate e uccise, e lo stesso capitò agli uomini che tentavano di difenderle. Dai verbali dell'Associazione Nazionale Vittime Civili di Guerra risulta che anche *due bambini di sei e nove anni subirono violenza*. A S. Andrea, i militari del CEF stuprarono 30 donne e due uomini; a Vallemaio due sorelle dovettero soddisfare una compagnia di 200 coloniali; 300 di questi invece, abusarono di una sessantenne. A Esperia furono 700 le donne violate su una popolazione di 2.500 abitanti.
Anche il parroco, don Alberto Terrilli, nel tentativo di difendere due ragazze, venne legato a un albero e stuprato per una notte intera. Morirà due anni dopo per le lacerazioni interne riportate. A Pico, una ragazza venne crocifissa con la sorella. Dopo la violenza di gruppo, verrà ammazzata.
A Polleca si erano rifugiati circa diecimila sfollati, per lo più donne, vecchi e bambini in un campo provvisorio. Qui si toccò l'apice della bestialità.
Luciano Garibaldi scrive nell'apologetico *Gli eroi di Monte Cassino. Storia dei polacchi che liberarono l'Italia* che dai reparti marocchini del gen. Guillaume furono stuprate bambine e anziane; gli uomini che reagirono furono sodomizzati, uccisi a raffiche di mitra, evirati o impalati vivi.
Una testimonianza, da un verbale dell'epoca, descrive la loro modalità tipica:

I soldati marocchini che avevano bussato alla porta e che non venne aperta, abbattuta la porta stessa, colpivano la Rocca con il calcio del moschetto alla testa facendola cadere a

---

[59] Testimonianze tratte da M. Fiume, "'Marocchinate'. La guerra privata di Capizzi nel 1943", http://www.siciliafan.it/marocchinate-la-guerra-privata-di-capizzi-nel-43-di-marinella-fiume/

terra priva di sensi, quindi veniva trasportata di peso a circa 30 metri dalla casa e violentata mentre il padre, da altri militari, veniva trascinato, malmenato e legato a un albero. Gli astanti terrorizzati non potettero arrecare nessun aiuto alla ragazza e al genitore in quanto un soldato rimase di guardia con il moschetto puntato sugli stessi.

I numeri delle vittime non sono certi: alcune fonti, le più attendibili, parlano di alcune migliaia, altre arrivano fino a 60 mila, come vedremo, sicuramente esagerando. Nel 1952 la deputata del partito comunista italiano, Maria Maddalena Rossi, presidentessa dell'Unione Donne Italiane presentò un'interpellanza alla Camera sulle violenze sessuali commesse dai soldati del CEF.

Naturalmente dietro a codesto peloso interessamento del Pci togliattiano e stalinista per le vittime della liberazione alleata non c'era di sicuro disinteresse, ma l'idea di speculare sulle sofferenze delle vittime in chiave politica antifrancese, essendo la Francia impegnata contro i comunisti sia in Corea che, soprattutto, in Indocina, ed un attacco, neanche tanto indiretto alla NATO di cui Francia ed Italia erano membri (*voi che concedete il vostro appoggio a coloro che preparano una nuova guerra* contro l'URSS di Stalin[60]): per farlo andava bene anche svilire il contributo francese alla conquista alleata dell'Italia, tanto che dei combattimenti sostenuti dai francesi inutilmente si cercherebbe menzione nell'interrogazione.

Ad ogni modo, malgrado la tipica mancanza di buona fede dei comunisti, l'argomento era serio e venne portato per la prima volta all'attenzione del parlamento, sia pure senza affrontare il *punctum dolens* delle cause e dei nessi all'origine delle violenze del CEF. Dal dibattito emerse come il governo considerasse attendibile la cifra di circa 20mila vittime di stupri e violenze[61].

Emerse anche che se le donne anziane non vennero risparmiate da percosse e abusi, alle giovani andò ancora peggio: vissero decenni con il marchio d'infamia della "marocchinata", restarono incinte degli stupratori, morirono suicide o divorate dalle malattie veneree rese letali dalla povertà e dalle scarse condizioni d'igiene. Ecco il testo dell'intervento dell'onorevole Rossi:

Onorevoli colleghi, la questione dalla quale ha origine questa interpellanza, certamente assai penosa, non è discussa per la prima volta stasera in Parlamento. Fu già oggetto di esame, credo, in sede di Assemblea Costituente, a causa di una interrogazione presentata, se ben ricordo, dall'onorevole Persico, oggi senatore. Un'altra interrogazione fu più

---

[60]Manca ogni menzione da parte della Rossi degli stupri compiuti dai partigiani jugoslavi e italiani, o anche di quelli dell'Armata Rossa in Germania in quello che uno storico del livello di Antony Beevor definì *il più grande fenomeno di stupro di massa nella storia* ricordando che almeno un milione e quattrocentomila donne furono violentate solamente nella Pomerania e nella Prussia Orientale (A. Beevor, "They Raped every German Female from Eight to 80", *The Guardian*, 1° maggio 2002). Stranamente anche un'avversaria della violenza sulle donne come la Catallo, pur apologeta della Rossi, nel suo *Marocchinate* non ha sottolineato questo curioso caso di miopia storica. Si veda anche N. M. Naimark, *The Russians in Germany: A History of the Soviet Zone of Occupation, 1945–1949*, Cambridge, 1995.

[61]La discussione parlamentare è riportata integralmente nell'appendice 1.

recentemente presentata dall'onorevole Lizzandri in questo ramo del Parlamento, ma non so se abbia o meno ricevuto risposta e, nel primo caso, se sia stata una risposta soddisfacente.

La nostra interpellanza si riferisce dunque ad uno dei drammi più angosciosi, quello delle donne che subirono le violenze delle truppe marocchine della V armata, nel periodo tra l'aprile e il giugno del 1944, dopo la rottura del fronte del Garigliano, quando queste irruppero nella zona del cassinate. Non so se sia vero quello che si dice delle truppe marocchine, cioè che il contratto d'ingaggio di questi mercenari non escluda o addirittura lo consenta il diritto al saccheggio ed alla violenza.

Risulta invece che, dopo gli avvenimenti dolorosi cui ci riferiamo, comandanti ed ufficiali di queste truppe tentarono di correre ai ripari con alcuni casi di punizioni e soprattutto concedendo alle prime vittime qualche soccorso. Comunque, sia stato o meno tollerato, se non concesso, il fatto è che il saccheggio fu compiuto e le violenze ebbero luogo.

Il primo paese del cassinate che le truppe marocchine incontrarono nell'aprile 1944 e la cui popolazione, di circa 600 abitanti, non fosse sfollata fu, se non erro, Esperia [in realtà Esperia venne conquistata il 17 maggio dalla 3e DIA, ndA]. I soldati fecero irruzione nelle case, depredarono, saccheggiarono, e le violenze innominabili furono compiute su uomini e donne. Perfino il parroco fu legato ad un albero e costretto ad assistere allo spettacolo. Poi anche di lui fu compiuto tale scempio che ne morì.

Del resto, a Vallecorsa, non furono risparmiate neppure le suore dell'ordine del Preziosissimo Sangue. A Castro dei Volsci dai registri del comune risultano 42 gli uomini e le donne morti in quei mesi terribili. Come e perché morirono quei 42 cittadini? Ecco alcune informazioni. Molinari Veglia, una ragazza di 17 anni, è violentata sotto gli occhi della madre e poi uccisa con una fucilata; siamo in contrada Monte Lupino, il 27 maggio 1944. Rossi Elisabetta, di circa 50 anni, è sgozzata dai marocchini perché tenta di difendere le sue due figlie, rispettivamente di 17 e 18 anni: la madre muore e le figlie sono violentate; ciò accade in contrada Farneta. Anche Margherita Molinari, di 55 anni, tenta di salvare la figlia Maria, che ne ha 21: è uccisa con cinque fucilate al ventre! Il bambino Serapiglia Remo, di cinque anni, innocente testimone dei delitti che intorno a lui si compiono, dà fastidio: perciò viene lanciato in aria e lasciato ricadere, così che morrà entro le 24 ore successive per le lesioni riportate. Pare che la madre non abbia ancora ricevuto la pensione; ha altri otto figli e il marito è disoccupato.

Ed ecco alcuni esempi di ciò che accadde a Pastena. La signora Anelli Elvira fu Giuseppe ha il braccio troncato da una scarica di mitra: essa morirà tubercolotica quattro anni dopo, ma certo le conseguenze della violenza subita nell'aprile del 1944 ne hanno affrettato la fine.

Antonini Giuseppe fu Francesco viene ucciso dai marocchini in contrada Santa Croce e nessuno sa dove sia stato sepolto, perché il cadavere è portato via immediatamente dai francesi. Giuseppe Faiola fu Marco è ucciso dai marocchini in contrada Cerviso. A Vallecorsa, Luigi Mauri fu Martino muore il 26 maggio 1944 in contrada Lisano nel tentativo di difendere l'onore della moglie Lauretti Assunta e delle sue quattro figliole. Ancora a Vallecorsa Antonbenedetto Augusto fu Cesare cade il 25 maggio 44, in contrada Visano per difendere l'onore della moglie Nardoni Margherita.

Cade anche Papa Vittorio di Alessandro il 25 maggio 1944, in contrada Santa Lucia, avendo osato difendere la moglie Di Girolamo Rosina di Augusto, ma prima di essere ucciso è egli stesso seviziato. Sacchetti Antonio fu Michele, Sacchetti Eugenio fu Michele, Sacchetti Eugenio fu Vincenzo, Sacchetti Gabriele di Agostino sono bastonati a sangue perché osano difendere l'onore delle rispettive mogli, sorelle, madri; alla fine si ribellano e un marocchino viene ucciso: quali rappresaglie vengano inflitte è facile immaginare.

Fatti analoghi a quelli che ho citato accadono a Pontecorvo, a Sant'Angelo, a San Giorgio a Liri, a Pignatara Intermagna, a Caccano: almeno in una trentina di paesi delle province di Frosinone e di Latina, percorse dalle truppe marocchine [sic!]. Quante donne abbiano subito violenza da parte delle truppe marocchine nessuno sa con esattezza né forse si saprà mai.

Quello che noi possiamo però rilevare dai dati che sono a nostra conoscenza è che in maggioranza si tratta di donne vecchie, anzi vecchissime, come quelle di Agata Baris, nata nel 1882, e come molte altre, con cui ho avuto io stessa occasione di parlare, che oggi hanno 70-75 ed anche 80 anni. L'età avrebbe dovuto costituire una difesa per queste donne, o almeno così esse ritenevano. Infatti alcune non pensarono neppure di mettersi in salvo, anzi, convinte che sarebbero state rispettate, affrontarono esse stesse i marocchini per dar tempo alle giovani di nascondersi, di scappare, di rifugiarsi su, tra le montagne. Invece furono seviziate e violentate, come per esempio quella Emanuela Valente della borgata Santangelo, che oggi conta 70 anni, che ebbe i polsi fratturati.

(...)

Passata l'occasione propizia alla strumentalizzazione politica, il Pci si disinteressò totalmente all'argomento, tanto che negli anni successivi la questione delle violenze francesi venne ricordata solo dal monarchico on. Alfredo Covelli e dal Movimento Sociale Italiano, e completamente dimenticata dalla stampa e dalla televisione politicamente corretta che preferì stendere un velo di silenzio sui crimini alleati, dalle stragi in Sicila ai bombardamenti indiscriminati alle foibe istro-giuliane.

Ma torniamo a quanto avvenuto nel maggio 1944.

A Vallecorsa, il 26 maggio 1944, Luigi Mauri cercò di evitare alla moglie Assunta e alle sue quattro figlie l'umiliazione dello stupro. I soldati marocchini lo freddarono con i mitra. Se la testimonianza è autentica, viene da pensare a regolari del CEF piuttosto che a *goumiers,* che avevano in dotazione poche armi automatiche.

Stessa sorte capitò ad Antonbenedetto Augusto, che sempre a Vallecorsa tentò di difendere la moglie Margherita. Vittorio Papa si oppose con tutte le forze alle violenze dei militari francesi, ma non riuscì a far risparmiare la moglie Rosina. Prima di ucciderlo, con ulteriore crudeltà e sottile piacere, i marocchini lo sodomizzarono[62].

Altri episodi sono riportati in *Linea Gustav*[63] di Costantino Jadecola:

(…) Da Polleca ad Arva salivano le urla delle donne trascinate a forza, mitra alla mano, a quel sacrificio brutale: le loro invocazioni riempirono quelle calde notti di maggio. Gli

---

[62]G. Di Fiore, *Controstoria della Liberazione: le stragi e i crimini dimenticati degli Alleati nell'Italia del Sud,* Milano 2013.

[63]Sora 1994.

uomini difesero le loro donne qualche volta fino alla morte. Il messo esattoriale di Esperia, Luigi Assante, un uomo sui quarant'anni, fu ucciso a baionettate per difendere le sue due sorelle, Beatrice e Jolanda.

E ancora:

Il parroco di questo comune [Esperia, ndA], don Alberto Terilli, che fu testimone di tanti delitti, morì nell'agosto dello scorso anno di malattia mai confessata. I marocchini [sic! erano algerini della 3ᵉ DIA, ndA] violentarono senza distinzione bimbe e vecchie dagli 8 agli 80 anni: persino una vecchia di 78 anni, col volto deturpato da una cancrena. Una giovane donna dedita alla vita devota fu spogliata nuda e legata in croce lungo una mulattiera; man mano che la soldataglia passava la poveretta doveva subire turpi violenze. Ed una sua sorella ha fatto la stessa fine. Molte donne, soprattutto di tarda età, morirono sotto la violenza.

Don Terilli aveva tentato di nascondere alcune donne nella sagrestia. Tutto, però, risultò vano, perché i coloniali del CEF le individuarono e le violentarono.
Quindi portarono il sacerdote nella piazza e lì lo sodomizzarono a ripetizione.
Qualche tempo dopo don Alberto morì, consumato dal dolore e dalla vergogna .
Il quotidiano francese *Libération* nell'articolo già citato di Leïla Minano riporta, tra le altre testimonianze, quella di una donna di Castro dei Volsci, di cui viene dato solo il nome di battesimo, Elide, stuprata a quindici anni insieme alla madre ed alla zia.

Quando sono arrivati ho avuto giusto il tempo di nascondermi nella madia. Ma quando sono entrati per cercare, il mio ventre ha gorgogliato e mi hanno trovata... avevo talmente fame (...) il primo soldato ha portato fuori con la forza mia madre e mia zia, era orribile; le sentivo urlare, piangere, ma non avevano compassione. Elide si alza di scatto e mima la scena con dei grandi gesti, come se i soldati fossero ancora sul posto. *Sono restata sola con lui, ero contro il muro, quello cercava di farmi cadere per terra e io urlavo, gridavo alla mamma di venirmi a aiutare... Ma non poteva fare niente, allora, dall'altro lato della porta, gridava anche lei, e quando mi stringeva mi dibattevo.* Gli occhi chiari di Elide sono fissi, la voce si abbassa, ma la sagoma esile non si ferma. *Puzzava, era sporco, aveva delle pustole sulle gambe...* La comparsa di un gruppo di soldati mette fine al calvario dell'adolescente. *Sono arrivati i canadesi e i "cani" sono scappati... Avrebbero potuto ucciderci. La figlia di Valentina l'hanno ammazzata. Aveva 17 anni, era bellissima ed è stata stuprata da 40 soldati. Quando sua mamma si è messa in mezzo le hanno tagliato la lingua e obbligata a guardare.*

Una testimonianza riportata da Stefania Catallo nel suo già citato *Le marocchinate* è particolarmente cruda:

Il giorno prima che succedesse l'inferno, vennero due donne da un paese vicino a supplicarci di scappare, di cercare un rifugio … perché stavano arrivando i marocchini … Il giorno dopo mi alzai all'alba per preparare qualcosa da mangiare … Avevo preparato una cesta con pane e formaggio, e stavo mettendoci dentro qualche mela, quando all'improvviso sentii urlare e sparare. Ricordo ancora i passi di corsa sulla strada, le urla dei marocchini, le donne che piangevano e gridavano … Mia figlia aveva dieci anni. Le aprii la porta che dava sul cortile, dove avevamo il pollaio e la spinsi fuori, dandole la cesta. Non ci fu bisogno di parole. Rimasi davanti al tavolo della cucina, pensando che se mi fossi fatta trovare in casa, mia figlia avrebbe avuto il tempo di fuggire, e si sarebbe salvata. Vuoi sapere cosa pensavo? Niente. Pregavo …. Pregavo, tante Ave Maria mentre non potevo fare altro che piangere e aspettare. Pregavo la Madonna per mia figlia. Pregavo che la violenza … durasse il più a lungo possibile, affinché lei potesse scappare lontano …. La prima cosa che fecero, fu di darmi un calcio violentissimo alla fronte per stordirmi, per rendermi inerme.

Poi mi violentarono e picchiarono selvaggiamente. Sembravano impazziti. Credevo che volessero uccidermi. Di loro mi ricordo solo le risate, i loro vestiti lunghi così strani, e le loro parole in una lingua sconosciuta. La loro puzza. Gli orecchini che uno di loro portava al naso e alle orecchie. Poi, il silenzio. Ero piena di sangue …. Il viso graffiato, i capelli strappati alle tempie, i lividi che mi facevano male ….. Quante donne straziate, quanti uomini uccisi! Vedevo le mie amiche con gli occhi sbarrati e vuoti, vedevo tante bambine buttate da una parte come bambole rotte. Mi faceva male tutto. Rientrai in casa e misi una pentola sul fuoco, poi mi lavai con acqua bollente e sapone, fino a diventare tutta rossa. Ma questo non servì a molto. Quando chiudevo gli occhi, vedevo quelle facce e sentivo quelle risate. E' durato per anni, me li sognavo la notte …. Nessuno ci ha mai chiesto scusa, nessuna autorità è venuta da noi … Siamo state bottino di guerra. Né più né meno di un oggetto rubato.

Se il lavoro della Catallo potrebbe essere ritenuto ideologicamnte schierato, riprendiamo quanto segue da una fonte non certo accusabile di essere di parte, il lavoro di Recham Belkacem, docente dell'*Université Marc - Bloch Strasbourg II*, *Les combattants marocains dans l'Armée Française, 1939- 1945*, che cita rapporti dell'esercito statunitense cui i civili si rivolgevano per cercare protezione dai coloniali del CEF.

Numerosi casi di aggressione vennero segnalati già nell'aprile del 1944 nella provincia di Salerno, che videro come protagonisti *tirailleurs* algerini della 3e DIA; il 21 e il 23 vennero segnalate aggressioni e tentativi di stupro nella zona di Contursi. In maggio, a quanto risulta dai rapporti trasmesssi alla Giustizia Militare del CEF dalla 5ª Armata, si verificarono almeno una dozzina di rapine a mano armata e di stupri, commessi da soldati algerini e marocchini.

Per esempio, un rapporto trasmesso il 2 giugno 1944 dal 995th US *Inf. btg.* riporta:

Nelle vicinanze di Monticelli, il 24 maggio, un vecchio si è presentato al posto di medicazione del battaglione, dicendo al medico che dei marocchini avevano sparato dei colpi contro la moglie e la figlia e le avevano violentate. Il medico del battaglione ha fatto un'inchiesta ed ha esaminate madre e figlia. La madre era stata ferita alla caviglia destra e poi stuprata, la figlia al piede sinistro e poi stuprata[64].

---

[64]R.Belkacem, *Les combattants marocains dans l'Armée Française, 1939- 1945,* Bordeaux, s.d., p.33

Più grave ancora, prosegue Belkacem, quanto successo presso Ceccano dove

Un gruppo di 150 civili italiani si radunarono e chiesero protezione dalle truppe marocchine. La batteria B del 995th btg di Artiglieria da Campagna piazza delle sentinelle che tengono i marocchini alla larga.

Secondo le testimonianze raccolte dal comandante del 995th btg,

Le truppe marocchine di un'unità sconosciuta terrorizzarono gli italiani il 29, 30 e 31 maggio.
Gli italiani dichiarano che circa 75 donne di un'età che va dai 13 ai 75 anni sono state violentate. Una donna dichiara di essere stata violentata diciassette volte la notte del 29 e undici la mattina del 30.
Nove delle donne erano in stato di gravidanza avanzata (...)
Hanno anche dichiarato che quattro uomini e una donna furono assassinati e seppelliti su un colle vicino. Gli uomini di questo battaglione ne hanno viste le tombe.

Commenta Belkacem che

[I] fatti del 29, del 30, e del 31 maggio presso Ceccano già ricordati in cui la dimensione degli stupri e degli omicidi non ha alcun paragone con quelli solitamente segnalati. Le resposnsabilità sono difficili da stabilire finché gli archivi riguardanti queste questioni non saranno aperti[65]

Come gli statunitensi, anche i canadesi cercarono talvolta di intervenire per evitare sconfinamenti dei goumiers ed in difesa dei civili; ecco delle testimonianze sempre dalla zona di Ceccano:

Si verifica qualche isolata incursione di marocchini anche nella zona di Colle S. Paolo non lontana dal fiume. Sono due quelli che, armati, tentano di violentare una giovane donna di via Pantano, Le sue grida provocano il coraggioso intervento di Mimmo Masi (Barone) che prende il suo vecchio fucile e spara. Il marocchino di guardia, con la carabina in spalla, scappa via urlando, seguito dal compagno che ha lasciato la preda. Il padre della donna corre presso il comando militare nell'aia di Zì Pietro "Ballarino", alla curva. E' un vecchio emigrante e riesce a farsi capire. I militari canadesi mettono in guardia gli abitanti del posto da possibili ritorsioni e da parte loro fanno pattugliare per un paio di notti via Pantano.

Testimonianza di Domenico Staccone:

I marocchini sconfinarono una prima volta, di notte, per prendere confidenza con la zona. Sapevano benissimo che si stavano inoltrando in un territorio dove non potevano spingersi, perchè di competenza delle truppe canadesi. Guadarono il fiume Sacco che in alcuni punti, come il Vado Peruzzi o l'Isoletta, si poteva attraversare in questo modo.

[65]Ibid.p.34.

Tornarono la notte seguente e riuscirono a violentare una donna. A Faito ci sono stati anche altri casi di sconfinamento da parte dei marocchini, che fortunatamente furono fermati dalla reazione di alcuni abitanti della zona. Molte persone, me compreso, si ammassarono vicino al comando canadese, presso il quale alcuni residenti della zona erano andati a denunciare l'accaduto. I canadesi ci dissero di cercare di rimanere sempre in gruppo e che avrebbero pattugliato la zona, cosa che fecero.

Giovanni Micheli:

Qui arrivarono i canadesi. Ricordo che si insediarono nel cosiddetto "terreno dell'Abate" (una proprietà appartenente alla chiesa di S. Pietro) e anche in altri posti. Dall'altra parte del fiume era settore marocchino. Ricordo un caso di sconfinamento da parte dei marocchini. Si trattava di un elemento isolato, armato di fucile, forse aveva guadato il fiume alla Forbice, lì il livello dell'acqua è sempre molto basso. Gli uomini della zona lo stavano già tenendo d'occhio, e siccome si sapeva già quello che i marocchini avevano combinato le donne erano state nascoste. A un certo punto il militare marocchino si imbatte in un mutilato e comincia a inveire contro di lui dicendogli :"Tu combattuto contro di noi! Tu combattuto contro di noi!". Mio padre si mise un'accetta in mano. Il marocchino se ne accorse e lo abbracciò: "Bono papà italiano, bono papà italiano!". Io mi trovavo a tornare proprio in quel preciso istante. Il marocchino si allontanò, ma rimanendo sempre nei paraggi. Altre persone armate di fucile erano sopraggiunte per osservare le sue mosse. Questo soldato tentò di violentare una donna, ma fu sopraffatto da alcune persone e portato dai canadesi che stavano "dagli Abate", in quel terreno che prima vi ho detto[66].

La giornalista di *Libération* Leila Minano scrive ancora:

 i racconti dei sopravvissuti o dei loro discendenti rivaleggiano per l'orrore, e tuttavia sono meno crudeli che le testimonianze giurate dei tribunali militari. Questi documenti, che ci siamo procurati, descrivono con forza il trattamento riservato ai civili mettendo in causa le responsabilità dell'alto comando che aveva avuto dai gendarmi, dai medici, e dagli stessi colpevoli le prove di questi reati *En réunion et sous le regard des proches.* Così, Pierre D., soldato di 2ª classe [si tratta dunque di un francese, ndA] ammette di avere, il 12 giugno 1944, *condotto in una grotta* sotto *la minaccia di un'arma* un ragazzino di 12 anni, di cui è riportata la testimonianza nell'atto d'accusa, *In questa grotta l'ho spogliato per violentarlo, e siccome si opponeva alla mia volontà, l'ho colpito con parecchi pugni nello stomaco, poi l'ho gettato a terra, e l'ho fatto sdraiare sullo stomaco. In quel momento il ragazzo s'è messo a gridare, l'ho minacciato con la mia arma dicendo: "Non gridare o t'ammazzo". Per farlo stare zitto gli ho chiusa la bocca con la mano, poi mi sono gettato su di lui e l'ho violentato.* Il militare sarà condannato a dieci anni di lavori forzati per *oltraggio al pudore*[67].

---

[66] G. Coluzzi (ed.), *Ceccano e la guerra 1944- 2014*, Ceccano 2014, pp. 83 -84

[67] "Dans cette grotte, je l'ai déshabillé pour le violer, comme il s'opposait à ma volonté, je l'ai frappé de plusieurs coups de poing à la figure, puis je l'ai jeté à terre et l'ai fait coucher sur le ventre. A ce moment, le garçon s'est mis à crier, je l'ai menacé de mon arme en lui disant "ne crie pas ou bien je te tue". Afin d'étouffer ses cris, j'ai appliqué ma main sur sa bouche, puis me jetant sur lui, je l'ai violé." Le militaire sera condamné à dix ans de travaux forcés pour «atteinte

Questa storia costituisce tuttavia un'eccezione per quanto riguarda le modalità dello stupro. In effetti secondo gli atti di accusa dei tribunali militari francesi, i militari del generale Juin che si resero colpevoli di violenze sessuali lo fecero pressoché sempre in gruppo, con almeno un commilitone rimasto di guardia. Nella maggioranza dei casi, i soldati trascinavano le vittime a poca distanza del luogo dove le avevano incontrate o all'interno delle case, davanti ai parenti.

Così il 30 maggio 1944, quattro soldati, Belgacem B., Jean-Marie G., François S. e Mohamed G. vennero riconosciuti colpevoli di stupro su due ragazze dell'età di 20 e 29 anni, di Castro dei Volsci. La prima era stata aggredita nella propria camera da letto davanti alla madre ed alla zia, prima di essere stuprata di nuovo da altri due soldati un vicino campo di grano.

La seconda fu stuprata nel fienile della masseria. Benché i quattro soldati venissero riconosciuti colpevoli, Jean-Marie G. e François S., francesi, ottennero la sospensione della pena. Il motivo è identico in entrambi i casi :

Sembra evidente dalle deposizioni e dal dibattimento che X si sia lasciato trascinare dai camerati indigeni, e che non si sia reso conto della gravità della propria colpa[68].

Insomma, i francesi godevano di una differenza di trattamento con i marocchini pur commettendo gli stessi reati, perché agivano per istigazione di questi ultimi senza rendersi conto della gravità dei fatti!

Fabrizio Carloni, nel suo già citato *Il Corpo di Spedizione Francese in Italia , 1943-1944*[69] aiuta a capire quella che agli europei appare come una crudeltà gratuita, facendo riferimento alla cultura e ai costumi berberi:

... Traevano grande gratificazione nell'avere rapporti con donne bianche [sic: lo sono anche i berberi, ndA]... le consideravano, secondo la loro tradizione, assecondata dal comando francese, prede di guerra.

Si trattava di gente che lo psichiatra algerino Malek Chebel descrive nei seguenti termini:

L'itinerario copulatorio del giovane maghrebino campagnolo comincia spesso nei lombi delle bestie che è incaricato di accompagnare regolarmente (...) Per le truppe africane agli ordini di Juin, le donne italiane erano " haggiala", termine che significa vedova o prostituta, tutte comunque " qahba" puttane, nel linguaggio franco-arabo[70].

à la pudeur»: http://www.liberation.fr/societe/2015/05/15/elle-avait-17-ans-et-elle-a-ete-violee-par-40-soldats_1310075

[68]Il semble bien résulter des données et des débats que X s'est laissé entraîner par des camarades indigènes et qu'il ne se soit pas rendu compte de la gravité de sa faute: (ibid.)

[69]Milano 2006.

[70]Ibid.

Subito dopo la guerra, in quei posti, quando una donna ingrassava e poi dimagriva in breve lasso di tempo, si diceva: *Quella l'hanno presa i marocchini*. Non mancarono storie di eroismo ormai perse nell'oblio. A Esperia si trovava sfollata una famiglia di Pontecorvo. Con essa vi era una prostituta non più giovanissima ma ancora piacente. Quando vide arrivare i soldati francesi, invece di scappare, si fece loro incontro, offrendo le sue grazie. Ciò consentì alle nipoti di salvarsi e di porsi al sicuro[71].

L'infermiera francese Solange Couviler, crocerossina volontaria del CEF testimonia:

Purtroppo i nostri trionfi vennero offuscati dalle violenze commesse da taluni soldati nordafricani. A Spigno sentimmo levarsi fra i rumori della guerra le grida delle donne che ci sprofondarono nella disperazione.
Il comando militare francese che non era disposto a tollerare questi crimini di guerra, passò per le armi un cer-to numero di colpevoli.

La Covilier ricorda una giovane donna italiana impazzita per le violenze subite:

(...) Dovetti evacuare in camicia di forza una donna di circa trenta anni. Un infermiere maschio la teneva d'occhio mentre vagavamo per la notte in cerca di un manicomio italiano che potesse ricoverarla. Questo episodio rimane l'unico momento di vergogna in tutta la mia esperienza di guerra.

Nel *chant des Goumiers* c'è quella che sembra una palese allusione agli stupri, con macabra ironia:

Sur le sol de la voie Appienne,
Nous avons traîné nos pieds nus.
Puis ce fut la course vers Sienne
L'ennemi fuyait éperdu.
Des baisers des belles romaines
Petit *goumier*, te souviens-tu ?

S'è detto che il Vaticano chiese e ottenne che i *goumiers* non entrassero a Roma. L'ennesima leggenda su questi soldati. Non è vero: il GTM e la 4e DMM non entrarono in città perché continuarono ad avanzare verso nord e il lago di Bolsena.

Nell'aerea del lago di Bolsena, scrive Franco Carloni, come in tutto il territorio percorso dal CEF nel periodo di utilizzo in Italia, chi si distinse per le violenze più disumane furono i marocchini con punte di bestialità irriferibili (sodomia,gerontofilia, zoofilia, pedofilia, voyeurismo, esibizionismo) tra gli irregolari.

---

[71]F. Ricciardi, "Le cinquanta ore di vergogna a Cassino", 18/06/ 2008, rep. su https://www.ariannaeditrice.it/articolo.php?id_articolo=19824

A metà giugno 1944, in Toscana, vennero immessi in linea i *goumier* ed i marocchini della 4a Divisione da montagna per affrontare i contrafforti del monte Amiata. Da quel momento le brutalità di ogni genere contro i civili italiani aumentarono in maniera esponenziale. A metà giornata del 16 giugno 1944, la 5a Armata americana dispose per l'estensione ad ovest del fronte d'attacco affidato ai francesi (…). I reparti, man mano che entravano in linea, lasciavano la consueta striscia di sangue e di dolore che fece passare in secondo piano i ricordi di quanto commesso nei pressi del lago di Bolsena dagli algerini pochi giorni prima. Tracce significative dell'incremento delle atrocità da metà giugno, risultano all'Archivio Centrale dello Stato e sono relative, soprattutto, alla cittadina di Montefiascone ed al nord Grossetano dove stupri ed omicidi furono molti e documentati[72].

Se Roma era stata risparmiata non andò altrettanto bene invece ai senesi, nella cui provincia i reparti marocchini si resero di nuovo protagonisti di violenze dopo aver inseguito i tedeschi verso nord, va detto senza particolari combattimenti, tranne che sulla linea temporanea *Frida*.
Qui ricominciarono le violenze a Siena, ad Abbadia S. Salvatore, Radicofani, Murlo, Strove, Poggibonsi, S. Quirico d'Orcia, Colle Val d'Elsa. Perfino i partigiani dovettero subire gli abusi: del resto quando combattevano, i *goums* di partigiani non ne avevano visto nemmeno l'ombra, e di sicuro non ne avevano il minimo rispetto o considerazione, come si vedrà.
Come testimonia il partigiano rosso Enzo Nizza:

Ad Abbadia contammo ben sessanta vittime di truci violenze, avvenute sotto gli occhi dei loro familiari. Una delle vittime fu la compagna Lidia, la nostra staffetta. Anche il compagno Paolo, avvicinato con una scusa, fu poi violentato da sette marocchini. I comandi francesi, alle nostre proteste, risposero che era tradizione delle loro truppe coloniali ricevere un simile premio dopo una difficile battaglia

.
Solo nell'imminenza del ritorno in Francia, alcuni dei violentatori furono puniti. Un partigiano della brigata rossa *Spartaco Lavagnini* ricorda:

Sei marocchini vennero fucilati sul posto perché avevano violentato una donna. Il capitano (francese n.d.A.) ebbe a dirmi: "Questa gente sa combattere benissimo, però meno ne riportiamo in Francia, meglio è".

Poco prima che i marocchini toccassero il suolo provenzale, i loro comandanti, quindi, avevano deciso di riportarli severamente all'ordine tanto che non si registrarono mai violenze ai danni di donne francesi. Una volta in Germania meridionale, invece, potranno dare nuovamente sfogo ai loro istinti sulle donne tedesche, come riportano alcuni recenti studi. Segno, quindi, che le efferatezze di queste truppe avrebbero potuto essere certamente controllate e disciplinate[73].

---

[72]Circa Montefiascone si veda il capitolo conclusivo del presente lavoro.
[73]https://www.blitzquotidiano.it/cronaca-italia/marocchinate-bambini-violentati-sorelle-crocefisse-prete-seviziato-nonna-stuprata 300-soldati-2654027/

Quando autori come il Notin accusano le abitudini tribali dei marocchini come origine delle violenze sono solo sterili giustificazioni, giacché a stuprare non furono solo i *goums*: dai documenti dell'Archivio Centrale dello Stato e da quelli della Giustizia militare francese risulta che anche i francesi parteciparono alle violenze: a Pico furono, infatti, violentate 51 donne (di cui nove minorenni) da 181 *goumiers* e da 45 francesi .

Considerando che i francesi metropolitani costituivano il 40% di tutto il CEF, e circa il 30% del GTM risulta limitativo addossare la responsabilità delle violenze ai soli *goumiers* marocchini; e la maggior parte delle violenze sembra attribuibile ad altre unità del CEF, come ad Esperia, dove a stuprare furono gli algerini: e si ricordi come nella 3e DIA il 41% del personale fosse composto di francesi.

Che a violentare non fossero solo i *goumiers* come preteso da certa storiografia lo provano infatti le violenze della 3e DIA in Toscana; citiamo un brano dal libro di Carloni sul Corpo di Spedizione Francese in Italia relativo agli stupri del podere Rompicollo a Mezzano, ad opera degli *Chasseurs d'Afrique* del 7^e RCA, composto in massima parte di francesi d'Algeria:

Più a sud, nelle vicinanze del lago di Mezzano, poche ore prima che la famiglia Rossi fosse liberata dall'avanzata delle truppe franco-americane, si era consumata una delle tragedie che colpirono la popolazione civile italiana che si trovò sulla direttrice di avanzata del CEF. La famiglia di Vera Franci era composta dal padre A. del 1901, e dalla madre E. M. originaria della provincia di Pisa.

(…) I Franci si erano trasferiti dalla vicina Pitigliano (…) in campagna per l'incalzare dei bombardamenti alleati che avevano preso di mira la cittadina.

(…) La famiglia di Vera al completo, con quella di un altro fratello del padre con una sua cognata (sorella della moglie), a sua volta accompagnata dal marito e dai figli, nonché il nonno ed altri parenti, trovarono riparo in una fattoria isolata detta, allora, «Podere Rompicollo». Il fabbricato, massiccio, era diviso in due appartamenti a piano terra cui si accedeva con una porta comune.

Verso ora di pranzo, quando le famiglie erano in fase di sistemazione e riunite nella grande cucina dell'appartamento di destra, ceduto in uso dal contadino Santi Bicocchi, comparvero tre militari con la pelle olivastra, ben vestiti e con degli stivaletti in cui ciascuno ostentava una pistola; non avevano elmetti o altre armi lunghe; si esprimevano in lingua francese, senza urlare, ma parlando con decisione. Il papà di Vera era fuori casa alla ricerca, tra i contadini dei paraggi, di uova ed alimenti per i propri cari. Gli stranieri (…) sfondarono a spallate la porta ed ispezionarono i locali. Poi costrinsero sotto la minaccia della pistola Vera ed una cuginetta ad accompagnare uno di loro alla ricerca della padrona di casa; imposero alle bambine che la contadina, che avevano saputo (non si sa da chi) essere molto bella, fosse chiamata a gran voce. (…)

I militari stranieri, che poi furono identificati per algerini, fecero uscire tutti gli uomini ed un cugino di Vera che aveva 16 anni dalla casa e costrinsero le donne e le bambine a rimanere nella grande cucina dell'appartamento di destra dove si erano riunite tutte le famiglie per il pranzo.

Agli uomini dissero che volevano le loro donne e che se avessero opposto resistenza, avrebbero ucciso tutti quanti. Poi rientrarono con gli ostaggi maschi e cominciarono a cercare tra i presenti le signore che più li interessavano; il marito di una di loro, che nel frattempo era stata individuata per la sua avvenenza, cercò furtivamente di afferrare un ferro da stiro di ghisa pesante dalla mensola del camino che era in cucina; uno degli algerini lo vide e puntandogli la pistola glielo fece riporre al suo posto. A questo punto, selezionata la prima vittima, le chiesero di accompagnare uno di loro alla vicina cantina per prendere del vino; la donna fu violentata sotto la minaccia della pistola. Una ragazza molto giovane fu condotta poco dopo nell'appartamento di Margherita e stuprata; lei negò sempre l'accaduto sostenendo di essere stata risparmiata invocando la pietà dell'algerino che l'aveva sequestrata. Nessuno le volle credere e non si sposò mai. La moglie del fratello del papà di Vera, si salvò indossando un vecchio fazzoletto sulla testa che l'invecchiò ed imbruttì; la madre di Vera cercò di stemperare la situazione avvicinandosi ai delinquenti in maniera rassicurante e parlando con pacatezza con loro in francese. Fu inutile e due coloniali la condussero nella camera da letto che confinava con la cucina sotto la minaccia delle armi, mentre il terzo controllava gli altri civili. Vera, attaccata alla gonna della madre, li supplicava gridando di non farle del male; uno di loro per tenerla lontana dalla porta della camera dove si stava per consumare la tragedia, le puntò la pistola alla gola. Uscito dalla camera dopo la violenza, uno dei due stupratori cercò di accarezzare la bambina (…).

Carloni ha identificato i responsabili in *Chasseurs* del 7e RCA:

Gli stupratori di Rompicollo furono quasi sicuramente elementi del *Raggruppamento Guillebaud* .
(…) È molto probabile che i responsabili dovessero appartenere al reparto esplorante composto di elementi di questa nazionalità [francese, ndA] presenti nel *Raggruppamento Guillebaud* (il 7e *Régiment de Chasseurs d'Afrique*), appunto. Quest'ultimo si era comportato, come la maggior parte dei reparti aggregati al CEF, con grande determinazione e coraggio sin dalle prime fasi dei combattimenti in Italia.
(…) Il 7e RCA era un reggimento corazzato ricostituito in Nord Africa nel 1943 dopo la sua originaria creazione ed utilizzo nella Grande Guerra. La truppa, tratta dai *Chantiers de Jeunesse*[74], era costituita da *pieds-noirs* e da nativi musulmani; la percentuale dei primi, come in tutti i reparti nordafricani francesi in cui era indispensabile la specializzazione, era dominante.
Il 7e RCA era all'epoca di fatti narrati comandato dal colonnello Alphonse S. Van Hecke.
La responsabilità della componente bianca in quello che successe in tutta la campagna d'Italia e di cui si resero responsabili le truppe maghrebine, è confermata anche dall'episodio del podere Rompicollo.

Si trattava dunque degli stessi reparti presenti ad Esperia, cui si devono gli stupri e le violenze tanto spesso attribuite ai *goumiers*.
Cerloni ricorda che

---

[74] I *Chantiers de la jeunesse française* (CJF) vennero creati dal regime di Vichy per instillare nei giovani i principi della *Revolution Nationale* e dell'*Etat Français* filotedesco, ispirandosi ai campi della *Hitlerjugend* ed ai Campi Dux italiani, in una sorta di sostituzione del servizio militare, vietato dall'armistizio del 1940. Il l colonnello Alphonse S. van Hecke chiese ed ottenne che i CJF fossero vietati agli ebrei.

Il tasso di francesi bianchi e di europei nelle divisioni impiegate nella Penisola, con eccezione per i gruppi di *tabor*, fu molto alto ed avrebbe consentito uno stretto controllo delle intemperanze dei sottoposti di colore. Nella fattispecie del 7e RCA, come per tutti i reggimenti di cacciatori di carri francesi, i bianchi, sugli 886 uomini in organico, costituivano il 77 per cento.

Per i reggimenti di cavalleria blindata utilizzata per l'esplorazione e l'inseguimento del nemico, su una forza di 854 militari di tutti i ranghi, il tasso di nativi nordafricani era ancora minore e si attestava sul 13 per cento.

Eppure, la motivazione della Medaglia d'oro al Valor Civile al comune di Esperia parla espressamente di *truppe marocchine*:

Piccolo Comune con pochissime migliaia di abitanti, occupato per la posizione strategicamente favorevole dall'esercito tedesco impegnato a difesa della linea "Gustav", fu obiettivo di ripetuti e selvaggi bombardamenti che provocarono numerosissime vittime civili e la quasi totale distruzione dell'abitato. Con l'arrivo degli alleati il paese subì, poi, una serie impressionante di furti, omicidi e saccheggi e dovette registrare più di settecento atti di efferata violenza su donne, ragazze e bambini da parte delle truppe marocchine. Ammirevole esempio di spirito di sacrificio e elette virtù civiche.

Esperia (FR), Ottobre 1943-Maggio 1944.

Ciò che è indice quantomeno di superficialità, dato che nessun reparto marocchino, regolare o irregolare, fu mai presente ad Esperia.

Anche gli americani sapevano di questi fatti: ma solo in un paio di casi tentarono debolmente di frenare i francesi.

Il 17 maggio, i soldati statunitensi che passavano da Spigno sentirono le urla disperate delle donne violentate: al sergente Mc Cormick che chiedeva cosa fare, il sottotenente Buzick rispose: *Credo che stiano facendo quello che gli italiani hanno fatto in Africa.*

Lo storico militare britannico Eric Morris in *La guerra inutile* riporta che, ancora vicino a Pico, gli uomini di un battaglione del 351st US Inf. Rgt. provarono a fermare gli stupri, ma il loro comandante di compagnia intervenne e dichiarò che *erano lì per combattere i tedeschi, non i* goumiers.

Lo scrittore inglese Norman Lewis, all'epoca *Field Security Officer* dei servizi segreti alleati a Napoli, narrò gli eventi di cui fu testimone:

Tutte le donne di Patrica, Pofi, Isoletta, Supino, e Morolo sono state violentate. A Lenola il 21 maggio hanno stuprato cinquanta donne, e siccome non ce n'erano abbastanza per tutti hanno violentato anche i bambini e i vecchi. I marocchini di solito aggrediscono le donne in due – uno ha un rapporto normale, mentre l'altro la sodomizza.

Frédéric Jacques Temple, allora soldato dell'esercito francese, in *Les Eaux mor-*

tes[75] ricorda da parte sua come gli ufficiali francesi fossero perfettamente al corrente di quanto avveniva senza pensare di impedirlo, anzi, fossero testimoni indifferenti, quando non prendevano direttamente parte agli stupri:

Stesa sui cuscini sventrati, ancora giovane, con la gonna alzata fino al viso, un viso di cenere incorniciato da bei capelli neri. I neri, grandi e grossi, si lavoravano metodicamente quella donna aperta a forza, ora silenziosa e inerte, che aveva da molto tempo smesso di lamentarsi sotto le violente spinte. Nessuna tregua tra un uomo e l'altro. Erano più di cento, con i pantaloni abbassati e la verga in mano, in attesa del loro turno. Un ufficiale se ne stava vicino alla porta.

Il migliore riassunto dei fatti avvenuti nel Basso Lazio durante l'occupazione francese è nelle parole di Tommaso Baris, autore di uno degli studi più seri sull'argomento, quando ricorda, a proposito delle testimonianze delle vittime della brutalità dei soldati degaullisti

L'impossibilità di una qualsiasi difesa dinanzi al dispiegarsi di una ferocia animalesca (più volte richiamata dall'accostamento dei goumier alle bestie), così feroce da fuoriuscire dalla sfera umana (indemoniati e diavoli sono infatti definiti ripetutamente i marocchini), l'abbandono subìto dalle autorità alleate in cui avevano riposto tanta fiducia, segnarono in maniera indelebile la memoria dei giorni di guerra. L'immagine restituitaci, e dalla documentazione archivistica e dalle testimonianze orali, è quella di un paesaggio infernale.

Quando il capo del governo del regno del Sud, Ivanoe Bonomi, che era subentrato al maresciallo Badoglio il quattro giugno, scrisse all'ammiraglio Ellery Wheeler Stone, presidente della Commissione Alleata di Controllo:

Già precedentemente questo governo ha segnalato... le malefatte commesse dalle truppe marocchine e ha avuto affidamento che sarebbe stato fatto il possibile, dando anche i dovuti esempi, per evitarle. Purtroppo le violenze però continuano. Dal 2 al 5 giugno nel territorio della provincia di Frosinone le truppe francesi marocchine hanno consumato 396 violenze carnali, 13 omicidi, 250 rapine, 303 furti,

la protesta non portò a nulla. L'Italia occupata dai *liberatori* era solo terra di conquista.

---

[75] Albin Michel, Paris, 1975.

6.
Quantificare le violenze.

'E signurine 'e Caporichino
fann'ammore ch'e marrucchine,
'e marrucchine se vottano 'e lanze,
'e signurine ch'e panze annanze.

Quante furono le vittime delle *marocchinate* non è ancora certo, a più di settant'anni dai fatti.

Nel corso del convegno *Eroi e vittime del '44: una memoria rimossa* tenutosi a Castro dei Volsci il 15 ottobre 2011, il presidente dell'*Associazione Nazionale Vittime delle "Marocchinate"*, Emiliano Ciotti, fece una stima dei numeri delle violenze commesse dall'esercito francese:

Dalle numerose documentazioni raccolte oggi possiamo affermare che ci furono un minimo di 20.000 casi accertati di violenze, numero che comunque non rispecchia la verità; diversi referti medici dell'epoca riferirono che un terzo delle donne violentate, sia per vergogna o pudore, preferì non denunciare. Facendo una valutazione complessiva delle violenze commesse dal "Corpo di Spedizione Francese", che iniziò la proprie attività in Sicilia e le terminò alle porte di Firenze, possiamo affermare con certezza che ci fu un minimo di 60.000 donne stuprate, e ben 180.000 violenze carnali. I soldati magrebini mediamente stupravano in gruppi da due o tre, ma abbiamo raccolto testimonianze di donne violentate anche da 100, 200 e 300 magrebini.

Dunque, tra le 20.000 e le 60.000 donne, di età compresa tra gli 8 e gli 85 anni, sarebbero state stuprate dai coloniali francesi, se si accettano i dati dell'ANVM, anche se le due cifre, come si vedrà sono eccessive; circa 1.000 uomini vennero sodomizzati e uccisi, molti dei quali tramite impalamento, per aver tentato di proteggere le proprie famiglie. In una relazione degli anni cinquanta si legge:

Circa 60.000 donne oltraggiate solo nella provincia di Frosinone, di cui il 20% affette da sifilide, il 90% da blenorragia; molti i figli nati dalle unioni forzose. Il 40% degli uomini contagiati dalle mogli, l'81% dei fabbricati distrutto, sottratto il 90% del bestiame, gioielli, abiti e denaro.

In data 8 febbraio 1945 il direttore generale dell'amministrazione civile del ministero dell'Interno segnala al ministro una nota del prefetto del 29 dicembre precedente il quale, facendo propria la richiesta avanzata dai sindaci dei comuni di Amaseno, Castro, Ceccano, Esperia, Giuliano, Pastena, Pico, Vallecorsa e Villa

Santo Stefano chiede fondi "assistenziali" per complessive 500.000 lire da essere utilizzati dalle *disgraziate vittime dei marocchini per le cure mediche loro prescritte dai sanitari e per alleviare le misere condizioni economiche in cui la più parte di esse si trovano.*

Secondo questo documento le vittime sarebbero 12 di Amaseno, 261 di Castro dei Volsci, 21 di Ceccano, 100 di Esperia, 30 di Giuliano, 36 di Pastena, 250 di Pico, 96 di Vallecorsa e 8 di Villa Santo Stefano, per un totale di 814.

Nell'Archivio di Stato Provinciale di Frosinone c'è una cospicua documentazione riguardo al drammatico capitolo delle violenze. Vi sono due documenti dell'Ufficio Provinciale dell'Assistenza Post-Bellica datati 26/11/46 aventi come oggetto *"Concessione sussidio straordinario a donne violentate dai marocchini".*

Questi documenti contengono un elenco di donne vittime di violenza "maritate", 13 casi, e un altro di vittime di violenza "nubili", riportante quattro casi. La stessa busta in cui vi sono questi elenchi contiene anche i fascicoli delle denunce sulla cui base gli elenchi sono stati redatti, con tanto di certificazioni mediche, firmate da professionisti dell'epoca: si possono ricordare tra questi il dott. Garofali o il dott. Cao. I fascicoletti delle denunce in questione contengono quasi sempre indicazioni sulle zone in cui questi gravi atti sono avvenuti: in genere quelle di Cardegna, Fiano, Badia, Castellone e Peschieta. Vi sono anche diverse denunce relative a pratiche di saccheggio messe in atto dalle truppe marocchine (Pr. II vers., b. 1415).

Per molti autori francesi, come J. C. Notin, autore di volumi apologetici sull'esercito francese in Italia, *si les 360 cas* [di stupro] *jugés par la justice militaire française sont certainement sous-estimés* non furono tuttavia più di cinquecento, che molti crimini furono commessi non dai marocchini ma dai GI statunitensi, e che molte denunce vennero fatte per ottenere i rimborsi del governo italiano (*le gouvernement italien versait 15 000 lires au plaignant à chaque dépôt de plainte, ce qui a pu encourager certaines dérives*): commentando la cifra di 5000 stupri avanzata dalla Le Gac Noutin scrive nella sua biografia di Juin, che sono

...Frutto di una fantasia, che i primi interessati, i veterani del CEF, a causa dell'età, non sono in grado di contestare. Avrebbero potuto spiegare come una simile orgia avrebbe significato che praticamente ogni soldato impiegato al fronte [...] avrebbe compiuto almeno uno stupro... (...) è del tutto semplicemente inconcepibile da parte di indiviui esausti da giorni di combattimenti di cui il XX I secolo non può più comprendere la violenza, sotto la guida di ufficiali che chiaramente sarebbero stati destinati a non avere più autorità su di loro se avessero lasciato esplodere in tal modo le loro pulsioni più basse- ed anche incitate, come lascia capire questo studio [il già citato di Julie Le Gac. ndA] nella maniera più deplorevole[76].

---

[76]Jean-Christophe Notin, *Maréchal Juin*, Paris 2015, p.311. Notin scrive altrove che negli archivi francesi non si trovano tracce di stupri in Ciociaria: *La campagne d'Italie. Les victoires oubliées*

Del resto, secondo il Notin, i veri responsabili furono ...i tedeschi,

che avrebbero tentato di far loro [i francesi, ndA] addossare la responsabilità di una parte dei loro crimini. Numerosi villaggi sono stati massacrati da elementi della *Wehrmacht* [dove? quando? Non risulta niente del genere nel Lazio o nel Senese,se non nei vaneggiamenti del Notin, ndA] [77]

e, naturalmente, gli stessi italiani:

Per gli italiani, far passare i nuovi conquistatori per i peggiori demoni permette senza dubbio di nascondere una parte dell'umiliazione nazionale e del declino del fascismo[78].

Come se non bastassero certe scempiaggini, a partire dai *nombreux villages... massacrés par des éléments de la Wehrmacht*, che non perdiamo neanche tempo a contestare, Notin rintraccia uno dei motivi degli stupri nella rilassatezza dei costumi delle donne italiane!

Su quegli stupri furono messe in giro molte voci interessate; dalle autorità francesi in Marocco che volevano sollecitare un rapido rientro delle truppe a casa; dalla Santa Sede che ingigantiva le dimensioni del pericolo islamico; dai tedeschi per spaventare la popolazione e nascondere le proprie stragi. Per il resto, la colpa fu in parte della rilassatezza dei costumi delle donne italiane, in parte delle abitudini tribali dei marocchini,

facendo mostra di ignorare i numerosi casi di violenza commessi da algerini e soprattutto da francesi, forse perché non imputabili di avere *abitudini tribali*!
Se Notin accusa le donne italiane di *rilassatezza di costumi*, forse per la diffusissima prostituzione incoraggiata dagli alleati, inclusi gli uomini del CEF, a Napoli, ricordata anche in *Tammurriata nera* di E. Nicolardi e E.A. Mario:

'E signurine 'e Caporichino
fann'ammore ch'e marrucchine,
'e marrucchine se vottano 'e lanze,
'e signurine ch'e panze annanze.

Sigarette papà,
caramelle mammà,
biscuit bambino
e dduje dollar'e signurine.

---

de la France (1943-1945), Paris 2010, p.505. In quelli italiani sì.

[77]Les Allemands... ont tenté de leur faire endosser la responsabilité d'une partie de leurs propres crimes. De nombreux villages ont été massacrés par des éléments de la Wehrmacht (ibid.)

[78]...Pour les Italiens, faire passer les nouveaux conquérants pour les pires démons permet sans doute d'effacer une part de l'humiliation nationale et de la déchéance du fascisme (ibid.)

A Cuncetta e a Nanninella
'e piacevan'e caramelle,
mò se presentano pe' zitelle
e vann'a fernì 'ncopp'e burdelle[79],

il sito de *La Koumia*, l'associazione dei reduci dei *Goums*, ricorda che

Senza voler trovare alcuna scusa per gli stupratori, il comportamento incredibile dei napoletani, osservato da tutti i nuovi arrivati e da testimoni degli di fede, aveva piuttosto per effetto di incoraggiare i peggiori istinti. L'autore italiano Malaparte ne traccia ne *La pelle* un quadro sordido[80].

Malaparte si riferisce alla prostituzione minorile, con i bambini venduti ai *goumiers* per *poca moneta*:

Io m'ero fermato in mezzo alla piazzetta della Cappella Vecchia, e guardavo lassù le finestre di Lady Hamilton, stringendo forte il braccio di Jeanlouis.
Non volevo abbassare gli occhi, guardarmi intorno. Sapevo che cosa avrei visto lì, davanti a noi, ai piedi del muro che fa da sfondo al cortile dalla parte della Sinagoga.
Sapevo che lì davanti a noi, a pochi passi da me (udivo le risate magre dei bambini, la rauca voce dei *goumiers*), c'era il mercato dei bambini, che anche quel giorno, in quell'ora, in quel momento, ragazzi dagli otto ai dieci anni sedevano seminudi davanti ai soldati marocchini che li osservavano attentamente, li sceglievano, contrattavano il prezzo con le orribili donne sdentate, dal viso scarno e vizzo incrostato di belletto, che facevano commercio di quei piccoli schiavi.
Non s'erano mai viste cose simili a Napoli, in tanti secoli di miseria e di schiavitù. S'era venduto di tutto, a Napoli, sempre, ma non mai i bambini. S'era fatto commercio di tutto, a Napoli, ma non mai di bambini. Non s'erano mai venduti i bambini per le strade, a

---

[79]La canzone, ancora popolarissima, è una ulteriore dimostrazione dell'ipocrisia *politically correct*. E. A. Mario (Giovanni E. Gaeta, 1884- 1961) è, come tutti sanno, oltre al resto, l'autore della *Leggenda del Piave*, di *Noi tireremo dritto*, e di numerose composizioni di impostazione patriottica, dichiaramente mazziniano, nazionalista e fascista. Le varie "compagnie di canto popolare" che ripropongono *Tammuriata Nera* si guardano bene di cantare le strofe sulla prostituzione e soprattutto la strofa contro Churchill e gli alleati:

E Ciurcill'o viecchio pazzo
ce ha vennut'e matarazze,
e l'America pe' dispietto
ce ha sceppat'e zizz'a pietto.

Non manca nemmeno un accenno a Badoglio:

...e lle fete e cane muorto
uè pe ll'anema e chillemmuorto.

[80]Sans vouloir trouver aucune excuse aux violeurs, le comportement incroyable des Napolitaines, observé par tous les nouveaux arrivants et des témoins digne de foi, avait plutôt pour effet d'encourager les mauvais instincts. L'auteur italien Malaparte en dresse dans « La Peau » un tableau sordide: https://lakoumia.fr/histoire/marocchinate

Napoli. A Napoli i bambini son sacri. Sono la sola cosa sacra che vi sia a Napoli.

Il popolo napoletano è un popolo generoso, il più umano fra tutti i popoli della terra, è l'unico popolo al mondo dove anche la più povera famiglia, fra i suoi bambini, fra i suoi dieci, fra i suoi dodici bambini, alleva un orfanello preso all'Ospedale degli Innocenti: ed è fra tutti il più sacro, il meglio vestito, il meglio nutrito, perché è il 'figlio della Madonna', e porta fortuna agli altri bambini. Si poteva dir tutto dei napoletani, tutto, ma non che vendessero i loro bambini per le strade.

Ed ora, nella piazzetta della Cappella Vecchia, nel cuore di Napoli, ai piedi dei nobili palazzi del Monte di Dio, del Chiatamone, della Piazza dei Martiri, accanto alla Sinagoga, i soldati marocchini venivano a comprarsi per poca moneta i bambini napoletani.

Li tastavano, alzavano loro le vesti, ficcavano le loro lunghe, esperte dita nere fra i bottoni dei calzoncini, contrattavano il prezzo mostrando le dita della mano.

I bambini sedevano lungo il muro, guardando in viso i compratori: ridevano biascicando caramelle, ma non avevano la solita irrequietezza allegra dei bambini napoletani, non si parlavan tra loro, non gridavano, non cantavano, non facevano smorfie né lazzi. Si vedeva che avevano paura.

Le madri, o quelle donne ossute e tinte che si dicevan le madri, li tenevano stretti per un braccio, quasi temessero che i marocchini se li portassero via senza pagare: poi prendevano il denaro, lo contavano, si allontanavano col bambino stretto per il braccio, e un *goumier* li seguiva dal viso butterato dal vaiolo, gli occhi scintillanti cupi sotto il lembo del mantello bruno gettato sul capo, io guardavo, lassù, le finestre di Emma Hamilton, e non volevo abbassar gli occhi[81].

Sono queste pagine rimosse di una vergogna nascosta in nome della *liberazione*, e mascherata dietro il paravento delle mai avvenute *quattro giornate di* Napoli, che malgrado le esagerazioni dell'autore pratese rispecchiano fatti purtoppo reali e diffusi. Come questo possa però giustificare le migliaia di stupri e di violenze contro i civili resta un mistero che autori come il Notin, agiografo degli eroismi veri o presunti del CEF si guardano bene dal chiarire.

J. C. Notin conclude, nel suo abituale tono chauvinista e retorico:

Che i deprecabili crimini dimostrati, liberati dalle elucubrazioni di chi ha voluto addossare ai Marocchini le colpe delle proprie tutpitudini [gli italiani e i tedeschi, ndA] non facciano tuttavia mai dimenticare che questo stesso ideale guerriero farà loro liberare la Francia e conquistare il Reich[82].

Le cifre avanzate dal Notin- un massimo di 500 stupri- sono assolutamente riduttive, né il suo lavoro può essere preso come pienamente attendibile al di qua delle Alpi, tendendo ad essere molto poco obbiettivo, teso com'è ad una bombastica

---

[81]C. Malaparte, *La pelle*, cit., pp. 137-138. Da notare che Malaparte nel suo libro non fa alcun cenno alle *marocchinate* nel Basso Lazio, pur parlando diffusamente dei goumiers e dei loro comandanti, come s'è avuto già modo di vedere.

[82] Que les regrettables exactions avérées, débarrassées des élucubrations de ceux qui ont voulu faire porter aux Marocains le chapeau de leurs propres turpitudes, ne fassent toutefois jamais oublier que ce même idéal guerrier les fera libérer la France et conquérir le Reich: Notin, *Campagne d'Italie*, cit., p. 513.

esaltazione di glorie militari francesi quantomeno da ridimensionare; ma d'altro canto anche la cifra troppo spesso citata di 60.000 donne stuprate appare assolutamente eccessiva: se la cifra fosse corretta i soldati del CEF (per non parlare dei *goumiers*, cui vengono sempre e solo attribuite le violenze[83]!) non avrebbero neppure avuto il tempo materiale di combattere e di tenere truppe in linea, ed infatti, in risposta all'interrogazione parlamentare del 1952, l'on. Tessitori, sottosegretario di Stato per il Tesoro affermò alla Camera che

Al Governo italiano, dunque, pervennero 17.386 domande di indennizzo ai sensi questa legge e per la somma che ho già citato, che fu in gran parte liquidata. Le restanti domande, trattandosi di casi minori e quindi anche di importi minori, furono trasmesse all'intendenza di finanza di Frosinone, per un complessivo importo di lire 145.149.042. Da quanto risulta, l'intendenza sta procedendo all'istruttoria ed alla liquidazione.

A queste cifre andavano aggiunte anche le pensioni di guerra per le violenze subite:

Intanto venivano presentate domande alla direzione generale per le pensioni di guerra, rientrando il caso nell'infortunio civile per evento bellico. Le domande, a tutto il 1951, furono 7.639. Di esse ne sono state definite, fino a tutto il dicembre 1951, 2.860 e sono in corso di definizione 4.769[84].

Tessitori respingeva la cifra di 60.000 stupri, sulla base delle malattie veneree contratte, stimabili in circa ventimila (!) casi:

Rimane il terzo punto, quello già relativo alle misure di natura igienico sanitaria che sono state rese e che dovrebbero essere prese. Rilevo in primo luogo un fatto che risulta dalle cifre che ho indicato e cioè che non si può parlare di 60 mila donne che abbiano subito violenza: non si arriva nemmeno a 20.000. Una delle due, infatti: o ci dobbiamo attenere alle domande di pensione e di indennizzo che sono state presentate, o dobbiamo supporre che circa due terzi delle violentate, anzi più di due terzi, non abbiano creduto di farsi vive[85].

Le donne contagiate furono assistite con spese a totale carico dello Stato e, a seconda delle loro condizioni, o furono ricoverate in vari ospedali oppure furono curate ambulatorialmente *con somministrazione completamente gratuita di medicinali*. Nonostante i provvedimenti adottati, tuttavia, nel 1946 *si verificò una*

---

[83]Ricordiamo che in Italia erano presenti tre GTM, 1er, 3^e e 4^e, per un totale di 9.000 uomini circa e che le perdite furono di quasi tremila uomini, per la precisione 2.980- pari ad un intero GTM di tre *Tabors*-: dunque dopo lo sfondamento della *Gustav* erano operativi seimila *goumiers*. I *goumiers* oltre a combattere in condizioni ambientali difficilissime ed a inseguire il nemico avrebbero dovuto stuprare dieci donne a testa...

[84]*1952: Il caso delle "marocchinate" al Parlamento*:

http://www.cassino2000.com/cdsc/studi/archivio/n07/n07p09.html

[85]Ibid.

recrudescenza nella diffusione di malattie veneree, specialmente di endometriti blenorragiche in particolare a Esperia e in qualche altro centro della Valle del Liri. I motivi di tale recrudescenza vennero individuati nel fatto *che varie donne violentate, per spiegabili motivi di riservatezza e di pudore, non si presentarono tempestivamente alla visita medica, mentre altre decisero di sottoporsi alla cura sanitaria solo dopo l'aggravamento della malattia,* oltre al rientro di reduci e sfollati che contribuirono alla diffusione di malattie veneree indipendentemente dai fatti accaduti nel 1944.

Conseguentemente si giunse a incrementare il servizio dermoceltico per la cura delle malattie veneree e della pelle e un *sanitario esperto in dermosifilopatia,* docente dell'Università di Roma, venne inviato in quei luoghi con l'incarico di visitare le *vittime dei marocchini,* anche andandole a ricercare *sulle montagne e nei campi, e di provvedere all'istituzione di ambulatori e di assicurare uno speciale servizio di assistenza e di profilassi* adottando i *provvedimenti necessari con larghezza di mezzi.*

Tali misure *diedero risultati notevoli* tanto che nel 1947 in tutta la provincia di Frosinone *vennero riscontrate solo 42 donne affette da sifilide e, di esse, due sole con manifestazione contagiosa in atto; 217 donne, invece,* [risultavano] *affette da endometrite blenorragica.*

Quindi alla fine del 1950 erano state solo tre le donne che avevano richiesto il ricovero in strutture sanitarie e *tutte e tre vennero riscontrate sane.*

In definitiva per il sottosegretario le *vittime delle truppe marocchine non* [avevano] *più bisogno di una particolare assistenza sanitaria.*

Tessitori difese l'operato del governo al quale non potevano essere rivolte critiche perché in quegli anni aveva *attuato tutto ciò che era umanamente possibile nel settore igienico-sanitario.*

In realtà le violenze carnali, al di là di ogni esagerazione in un senso o nell'altro, non possono essere state né ventimila né tantomeno sessantamila. A queste cifre si giunge aggiungendo gli altri casi di violenze e di crimini contro le popolazioni civili: la Francia nel dopoguerra indennizzerà 20.000 vittime di saccheggio e 1.488 di violenze carnali.Semplicemente i *goumiers* del *Groupement de tabors marocains* ed i regolari del CEF non erano abbastanza per combattere, avanzare e contemporaneamente stuprare sessantamila donne.

Il GTM ebbe durante la campagna d'Italia 598 morti, 8 dispersi, 2392 feriti, per un totale di 2998 perdite, ricevute in gran parte durante lo sfondamento della linea *Gustav* nel maggio 1944: praticamente equivalenti ad un intero *Tabor.* Difficile credere che i rimanenti 6.000 tra *goums,* ufficiali e sottufficiali abbiano avuti tempo e possibilità di stuprare dieci donne a testa e contemporaneamente continuare a combattere!

Bisogna dunque cercare i responsabili anche e soprattutto nelle altre unità del CEF, sia nella 4e DMM, aggregata ai *Tabors* di Gullaume, che nelle altre divisioni, a cominciare dalla 3e DIA che fu con ogni probabilità responsabile degli stupri e dei saccheggi ad Esperia ed a Pontecorvo, e risalendo la penisola, dei fatti del podere Rompicollo già ricordati.

Anche la cifra di 12.000 stupri ritenuta possibile da Tommaso Baris appare eccessiva.

La cifra che appare più probabile è quella proposta dalla Le Gac di quattro- cinquemila stupri[86], che rimane una cifra enorme (i tedeschi si resero colpevoli durante l'intera campagna d'Italia di quattro- 4- stupri[87]!) ma assai lontana dalle cifre proposte[88].

Molti elementi rendono le cifre proposte dalla Le Gac le più realistiche.

Una nota del 25 giugno del 1944 del Comando generale dell'Arma dei Reali Carabinieri alla Presidenza del Consiglio, segnalva nei comuni di Giuliano di Roma, Patrica, Ceccano, Supino, Morolo, e Sgurgola, 418 violenze sessuali, di cui 3 su uomini, 29 omicidi, e 517 furti in soli tre giorni, dal 2 al 5 giugno 1944 compiuti dai soldati coloniali, i quali

Infuriarono contro quelle popolazioni terrorizzandole. Numerosissime donne, ragazze e bambine (…) vennero violentate, spesso ripetutamente, da soldati in preda a sfrenata esaltazione sessuale e sadica, che molte volte costrinsero con la forza i genitori e i mariti ad assistere a tale scempio. Sempre ad opera dei soldati marocchini vennero rapinati innumerevoli cittadini di tutti i loro averi e del bestiame. Numerose abitazioni vennero saccheggiate e spesso devastate e incendiate». Molte violenze furono attestate proprio da lunghe relazioni dei carabinieri.

Particolarmente stigmatizzato fu l'atteggiamento degli ufficiali francesi :

Lungi dall'intervenire e dal reprimere tali crimini hanno invece infierito contro la popolazione civile che cercava di opporvisi (…) [le truppe marocchine] sono state reclutate mediante un patto che accorda loro il diritto di preda e di saccheggio (…) gli ufficiali lasciano ai marocchini una discreta libertà di azione … e nella generalità dei casi preferiscono ignorare[89].

Il numero delle violenze riportato in una inchiesta ufficiale italiana per conto della Presidenza del Consiglio ammonterebbe ad un totale di circa 3.100 casi, cifra però da considerarsi sottostimata per difetto: infatti, come scrive Julie Le

---

[86] …de 3000 à 5000 viols commis par le corps expéditionnaire en Italie. Cette estimation comporte aussi une part d'arbitraire mais il nous semble important de proposer un ordre de grandeur face aux chiffres fantaisistes parfois avancés. Le Gac, cit., p. 447.

[87] I 402 stupri che la storiografia resistenziale attribuisce agli Hiwi della 162. div. *Turkestan* sull'appennino piacentino semplicemente non sono mai avvenuti, ma sono solo il frutto della propaganda postbellica che prese come modello i crimini dei *goumiers*.

[88] Chi scrive nel precedente *Am Arsch der Welt*, cit., riteneva probabile la cifra di circa 25.000 vittime; ulteriori e più approfondite ricerche ci hanno portato a ridurre la cifra ad un più probabile 5.000.

[89] Cit. in T. Baris, "Le corps expéditionnaire français en Italie: violences des « libérateurs » durant l'été 1944", *Vingtième Siècle, Revue d'histoire*, 2007/1 (n° 93).

Gac,

Vista la reticenza delle donne italiane a sporgere denuncia, la cifra dev'essere più vicina dai 4000 a 5000 stupri, la cifra di 60.000 avanzata dalle autorità italiane sembra esser stata esageratamente gonfiata come elemento di negoziato

nelle trattative per il trattato di pace con la Francia e le relative riparazioni di guerra[90].

Del resto, ella seduta notturna della Camera dei deputati del 7 aprile 1952 la deputata Rossi denunció che solo nella Provincia di Frosinone vi erano state 6.000 violenze da parte delle truppe marocchine [sic!] del generale Alphonse Juin, cifre che corrispondono in linea di massima con le ricerche della Julie Le Gac.

Se si considera che la provincia di Frosinone nel 1951 aveva 468.594 abitanti (414.697 nel 1931), e quindi circa 450.000 durante la guerra, prendendo in conto anche la popolazione sfollata da Roma e dalle zone di prima linea, la stima di cinquemila stupri (uno ogni 90 abitanti) appare come più probabile, mentre se fossero stati 60.000 la proporzione, decisamente improbabile, sarebbe di uno ogni sette (esattamente 7,5) abitanti!

Va ricordato come il *Corps expéditionnaire français* inquadrasse le seguenti grandi unità, tutte regolari a parte quelle di *Tabors*:

-1er *Division de marche d'infanterie*
-2e *Division d'infanterie marocaine*
-3e *Division d'infanterie àlgerienne*
-4e *Division marocaine de montagne*
-*Groupement des Tabors Marocains,* con
1er GTM (2e, 3e, 12e *Tabor*)
3e GTM (1er, 6e, 17e *Tabor*)
4e GTM (5e, 8e, 11e *Tabor*)

oltre all'artiglieria ed ai servizi ,ma s'è sostenuto che soprattutto i *goums-* e i militari e sottufficiali francesi, il 23-22% del totale[91]- del *Groupement des Tabors Marocains* del generale Guillaume si siano macchiati delle atrocità di cui sopra, e non gli altri reparti regolari, compresi i marocchini della 2e *Division d'infanterie marocaine* - la 4e *Division marocaine de montaigne* operante con il GTM presenta un quadro diverso- cui non si è voluto addebitare stupri e altre violenze su grande scala, affermando si sia trattato di fatti episodici seppure diffusi, quasi a voler gettare tutte le colpe sugli irregolari per salvare la reputazione dell'esercito francese.

---

[90] Vu la réticence des femmes italiennes à porter plainte, le chiffre devait être plus proche des 4000 à 5000 viols, le chiffre de 60000 avancé par les autorités italiennes semblant être exagérément gonflé comme élément de négociation
[91] Agli ufficiali non sembra siano attribuibili stupri.

Nelle liste dei processi intentati in Italia dalla giustizia militare francese – coperte da segreto ancora oggi – si nota come i vari tipi di reati che vanno dall'omicidio allo stupro, dal saccheggio alla grassazione, dal furto alle percosse gravi, sono stati commessi da sottufficiali e uomini appartenenti a tutte e quattro le divisioni (2e DIM, 3e DIA, 4e DMM, 1e DMI). Curiosamente gli atti dei processi archiviati a Parigi non riguardano i *goumiers*, evidentemente sotto un'altra giurisdizione rispetto a quella dell'*Armèe*, quella degli *Affaires Indigènes*, ma sono più numerosi quelli che riguardano gli appartenenti alla 4e DMM aggregata ai *goumiers*.

A smentire l'idea della colpevolezza dei soli *goumiers* sta il fatto che molti dei crimini, a cominciare dagli stupri, attribuiti ai *goums* ebbero luogo in località, a cominciare da Esperia e Pontecorvo, dove i *Tabors* non erano presenti, dato che a conquistarle era stato il 3e *Regiment de Tirailleurs Algeriennes* della 3ª DIA[92]!

Per contestare le accuse rivolte ai *goumiers* circa le violenze e gli stupri di Esperia e Pontecorvo, l'associazione dei veterani dei *Tabors*, *La Koumia*, riporta il ruolino di marcia delle unità del GTM nei giorni dell'offensiva:

Il 15 maggio, i due *groupements* oltrepassano il fiume Ausone e superano le resistenze tedesche.

Il gruppo Guillaume occupa la cima del Petrella dopo che il 4e GTM ha scalato il monte Castello. Il 17 maggio, il generale Guillaume inizia una manovra che annienta due battaglioni tedeschi che tentavano di raggiungere il Revole. Nella serata il IIe *Tabor* si impadronisce del monte [Le] Pezze, un magnifico osservatorio naturale che domina la strada Itri-Pico. I tedeschi cercano di riconquistarla l'indomani al 1er GTM che ha seguito il suo *Tabor*.
Lasciano 136 cadaveri e 36 prigionieri.

Quanto al *groupement* Bondis, raggiunge il 15 maggio la Fammera di Spigno. Il giorno dopo il Xème *Tabor* ripulisce il monte Chiavica ed il XVIIe occupa il Belvedere.

Il 17 maggio il *sous- groupement* d'Ales (XVIIe Tabor, 4 compagnie di *tirailleurs* ed il 1/69 RAM) si impadronisce dei monti Logo e Calvo e respinge i contrattacchi tedeschi finché non viene sostituito.

Il 18 maggio il *groupement* riprende la sua marcia ed occupa le alture a sudovest di Pico da dove minaccia le retrovie dei tedeschi che bloccano l'avanzata britannica verso Pontecorvo.

E conclude con una frase che non ci sembra abbia bisogno di venir tradotta:

Les *Goumiers* marocains n'ont donc jamais les pieds ni à Pontecorvo, ni à Fondi ni à Esperia[93].

Ed è la pura verità. Spesso l'aspetto esotico e che a molti italiani poteva ricorda-

---

[92]Lo stesso reggimento, che ironia della storia, in una, quella sì!, vera guerra di liberazione, nel 1859 si erano distinti coprendosi di gloria, a Magenta e Solferino, meritandosi la medaglia d'oro della città di Milano.

[93]https://lakoumia.fr/histoire/marocchinate

re i beduini dei film alla *Beu geste* o *Squadrone Bianco*, o i romanzi di Salgari come i *Predoni del Sahara* (1903), o riportare alla memoria le incursioni e le razzie dei saraceni e dei turchi, della strage e delle mutilazioni dei bersaglieri a Sciara Sciat del 1911, fece sì che ogni nefandezza fosse attribuita, sempre ed ovunque, agli uomini dei Tabors anche quando i responsabili erano altri: si deve concordare con quanto scritto sempre sul sito del *La Koumia*, in un passo già citato in precedenza,

La mauvaise réputation des *Goumiers* tenait à leur aspect farouche et à leurs manières ne correspondant pas aux critères européens. En un mot les *Goumiers* étaient, aux yeux des Italiens, les nouveaux barbares[94].

I barbari però non portavano solo la *djellaba*, ma anche la divisa *olive- drab* e non parlavano solo il berbero, ma anche l'arabo e la lingua di Voltaire, Stendhal, Hugo e Céline.

Goumiers in marcia, acquerello di Siss (ca 1945).
La motocicletta e la bicicletta sono di preda bellica.
(Coll. Colloredo)

---

[94]Ibid.

7.
Cinquanta ore di carta bianca?
Il comando del CEF tra connivenza e repressione.

Nous ne croyons qu'en la chanson
De nos couteaux prêts à tuer.
Nous ne croyons qu'en nos razzias
Sur les meskines et les mehallas.

Iniziamo subito col dire che il fantomatico proclama di Juin, tante volte riportato e spacciato per autentico, anche in lavori recenti[95], che prometteva:

Soldati! Questa volta non è solo la libertà delle vostre terre che vi offro se vincerete questa battaglia. Alle spalle del nemico vi sono donne, case, c'è un vino tra i migliori del mondo, c'è dell'oro. Tutto ciò sarà vostro se vincerete. Dovrete uccidere i tedeschi fino all'ultimo uomo e passare ad ogni costo. Quello che vi ho detto è promesso e mantengo. Per cinquanta ore sarete i padroni assoluti di ciò che troverete al di là del nemico. Nessuno vi punirà per ciò che farete, nessuno vi chiederà conto di ciò che prenderete,

non è mai esistito.
Il testo presentato come il proclama del generale Juin è solamente frutto della fantasia di chi lo pubblicò in un volume dedicato alle sofferenze dei civili italiani durante la guerra, uscito nel 1965 (Andrea Moretti, in *Italia martire, Sacrificio di un popolo*, Associazione Nazionale Vittime civili di Guerra, Roma, 1965). Anzi,

---

[95]P.e. nel libro di S. Catallo, *le marocchinate*, Roma 2015, che inizia proprio con il preteso proclama di Juin (il lavoro della Catallo è la raccolta di alcune testimonianze di donne violentate dai *goums*, testimonianze peraltro presentate senza un adeguato contesto storico; curiosamente per l'autrice le *marocchinate* sono le donne vittime di violenza e non le violenze stesse come nel linguaggio corrente) o nell'articolo di A. Cionci su *La Stampa* del 16 marzo 2016: *Con ottime probabilità, il proclama di Juin è, quindi, da ritenersi autentico. Secondo Lucioli* [un ricercatore locale, autore de *La ciociara e le altre. Il corpo di spedizione francese in Italia,1943- 1945*, Monteporzio 1998], questo discorso fu poi diffuso ad arte per limitare nello spazio-tempo le violenze che, *de facto*, durarono ben più di 50 ore: dal luglio '43 all'ottobre '44 quando i franco-coloniali lasciarono l'Italia e si imbarcarono per la Provenza ancora occupata dai nazisti [sic! in realtà il CEF venne ritirato dal fronte nel luglio 1944 e sbarcò in Provenza a partire dal 15 agosto durante l'operazione *Anvil Dragoon*, ndA]. (http://www.lastampa.it/2017/03/16/cultura/la-verit-nascosta-delle-marocchinate-saccheggi-e-stupri-delle-truppe-coloniali-francesi-in-ciociaria-stDjcmY65lqhNlHtQjfyLL/pagina.html)

i testi, perché ne esistono diverse versioni, tutte assolutamente false, nati nel corso degli anni. Eccone un esempio:

Il vostro generale vi annuncia, vi promette solennemente, vi giura, sul suo onore di soldato e sulla bandiera di Francia, che si alza, per l'ultima volta, il sole sulle vostre sofferenze, sulle vostre privazioni, sulla vostra fame. Oltre quei monti, oltre quei nemici che stanotte ucciderete, c'è una terra larga, ricca di donne, di vino, di case. Se voi riuscirete a passare oltre quella linea senza lasciare vivo un solo nemico, il vostro generale vi promette, vi giura, vi proclama che quelle donne, quelle case, quel vino, tutto quello che troverete sarà vostro, a vostro piacimento e volontà. Per 50 ore. E potrete avere tutto, prendere tutto, distruggere o portare via, se avrete vinto, se ve lo sarete meritato.

E' abbastanza curioso notare come il testo attribuito a Juin sia stato preso come vangelo da storici, pseudo storici, apprendisti storici, giornalisti, scrittori, politici... Il vero messaggio che il generale Juin fece diffondere l'11 maggio 1944 è di ben altro tenore, come si vedrà. Ciò non toglie che le responsabilità degli ufficiali francesi, specialmente di coloro che erano a stretto contatto con la truppa, furono, e restano di una gravità assoluta.

Al di là di ogni considerazione non si capisce perché Juin avrebbe dovuto concedere ai soli *goums* il diritto di sacco: il presunto proclama, dato per buono ancor oggi da qualcuno, contiene scempiaggini quali *il vino tra i migliori del mondo* e la *libertà delle vostre terre*, mentre il mantenimento dell'impero fu sempre, sino alla guerra d'Algeria, uno dei pilastri della politica francese, e Juin, da *pied noir* e vecchio ufficiale coloniale, era assolutamente convinto della necessità di mantenere le colonie[96]; oltretutto Juin avrebbe posta la propria firma in calce ad un ordine che violava le convenzioni internazionali sottoscritte dalla Repubblica Francese (p.e. la convenzione dell'Aja del 1899 e quella del 1907) compiendo un reato gravissimo- i trattati internazionali sottoscritti sono leggi dello Stato contraente, come era ed è il caso della Francia- ciò che per il codice militare francese comportava la degradazione e l'ergastolo o la pena di morte. Sarebbe semplicemente stato folle, lo ribadiamo, mettere per iscritto una violazione tanto plateale delle leggi e dell'autorità politica (indipendenza delle colonie africane, Marocco, Tunisia e Algeria!). Un conto era chiudere gli occhi, come venne fatto dai comandi del CEF, nei confronti delle violenze contro *les fascistes* ed un altro apporre la propria firma in calce ad un proclama contro le leggi francesi e internazionali.
Leggere che

L'autenticità di questo proclama [di quale versione? ndA] è stata spesso messa in dubbio, ma Juin, come si legge nei trattati giurisprudenziali dell'epoca [quali? ndA], poteva riferirsi legittimamente [!!!] a una antica norma del diritto internazionale di guerra che prevedeva il "diritto di preda bellica", tra cui lo stupro[97].

---

[96] Basti leggere A. Juin, *Histoire parallèle – La France en Algérie 1830–1962*, Paris 1963.
[97] http://www.lastampa.it/2017/03/16/cultura/la-verit-nascosta-delle-marocchinate-saccheggi-e-

è assolutamente privo di senso, o meglio *sic et simpliciter* un'idiozia, nata forse dal fraintendimento del fatto che i *goumiers* non venivano puniti per gli stupri commessi durante le operazioni di polizia coloniale nel Riff e sull'Atlante- come d'altra parte gli ascari italiani- sulla base del detto del Maresciallo Lyautey *qu'on ne fait pas la colonisation avec des pucelles*.

Può essere utile ricordare che Juin fu per due volte (1916 e 1925) nello stato maggiore di Lyautey; ovviamente nella mentalità dell'epoca c'era una grande differenza tra una guerra coloniale in cui tutto o quasi era permesso, trattandosi di una questione interna alla potenza colonizzatrice, ed una guerra contro europei. Che la razzia fosse nella mentalità dei *goums*, come di tutte le truppe coloniali, e fosse quasi istituzionalizzata lo prova lo stesso *Chant des Tabors*:

Nous ne croyons qu'en la chanson
De nos couteaux prêts à tuer.
Nous ne croyons qu'en nos razzias
Sur les *meskines* et les *mehallas*.

Certo il generale Juin, vecchio ufficiale coloniale abituato alle atrocità della guerriglia, di scrupoli nei confronti dell'*enemi fasciste* o presunto tale non dovette farsene molti, se mai se ne fece, ma certo non al punto di emettere il falsissimo proclama e di firmarlo col proprio nome.

Nella legislazione militare francese, come in quella di ogni altro paese civile, non esisteva alcun presunto *diritto di preda bellica* e tantomeno di stupro: sarebbe curioso sapere in quali *trattati giurisprudenziali dell'epoca* se ne parli. Francamente, pur essendoci altrove occupati della legislazione di guerra dell'epoca a proposito delle rappresaglie italiane nei Balcani e di quelle tedesche nella penisola[98] non ne abbiamo mai trovata traccia.

Siamo di fronte dunque ad un falso, assai grossolano peraltro; né, ad oltre settant'anni, è mai apparsa una copia originale di questo fantomatico proclama, che sarebbe stato stampato su manifestini in francese ed arabo, e di cui esiste solo la versione italiana.

Quando si legge che

Il carattere sistematico delle violenze e della sostanziale acquiescenza degli ufficiali francesi che erano al loro comando conferma che essi ubbidivano a disposizioni superiori in base alle quali ai goumier marocchini era stata accordata "mano libera", o "carta bianca" che dir si voglia nei confronti della popolazione civile italiana nel presupposto che tali truppe erano state reclutate "mediante un patto che accordava loro il diritto di preda e di saccheggio"[99],

stupri-delle-truppe-coloniali-francesi-in-ciociaria-stDjcmY65lqhNlHtQjfyLL/pagina.html
[98]P. Romeo di Colloredo, *Camicia nera! Storia militare della MVSN dalle origini al 25 luglio*, Bergamo 2017, pp. 139 segg.; id. *Südfront*, cit., pp. 93 segg.; 103 segg.
[99]V. Ferretti, *Kesselring*, Milano 2009, pag. 97.

non si può essere assolutamente d'accordo. I francesi indubbiamente lasciarono volontariamente libere le truppe dei *Tabors* di saccheggiare e stuprare, salvo nei casi più eclatanti, reagendo solo in ritardo e con il minimo impegno possibile solo dopo le (blande) pressioni di Clark e del comando della 5ª Armata, ma non certo perché i *goums erano stat*[i] *reclutat*[i] *"mediante un patto che accordava loro il diritto di preda e di saccheggio"* semplicemente perché tale patto non è mai esistito: ancora una volta in ciò deve leggersi lo stereotipo- sbagliato!- che vuole nei *goums* gli autori pressoché unici degli stupri: il che, come detto non è, visto che furono commessi da *tutti* i reparti del CEF, reparti regolari, ripetiamo, che ovviamente non avevano ricevuto alcun diritto di razzia, vero o presunto che fosse all'atto dell'arruolamento!

Era semplicemente lo scoppio di un odio scientemente coltivato contro i fascisti italiani, gli alleati dei tedeschi che avevano invaso la Francia e che tanto sangue avevano fatto versare al CEF prima di cedere dopo mesi di strenuo eroismo sulla linea *Gustav*. E i loro alleati dovevano pagare anche per questo: ovviamente non c'era bisogno di dare ordini scritti, bastava solo lasciare mano libera ai *Tabors* anche senza preoccuparsi di quanto avveniva al nemico sconfitto.

Ecco il *vero* (ed unico) messaggio di Juin diramato l'11 maggio 1944 alle sue truppe, lo stesso che abbiamo già riportato nel capitolo dedicato alle operazioni militari del GTM e del CEF:

Combattenti francesi dell'Armata d'Italia, una grande battaglia, la cui sorte può segnare la vittoria definitiva e la liberazione della nostra patria, comincia oggi. La lotta sarà generale, implacabile, e portata avanti con l'ultima energia. Chiamati all'onore di portare i nostri colori, voi vincerete, come già avete vinto pensando alla Francia martire che vi attende e vi guarda. In avanti![100]

Alla notizia degli stupri, Juin emise poi il seguente ordine, completamente tralasciato dai suoi accusatori, dove accusava gli ufficiali, *à tous les échelons*, di omesso controllo sulle proprie truppe ed ordinava il ricorso alla fucilazione dei colpevoli sul posto:

Quali che siano le difficoltà incontrate per sorvegliare da vicino le condotta delle truppe nel corso di operazioni in luoghi di montagna, gli eccessi di ogni tipo ed in particolare gli stupri perpetrati in circostanze odiose devono venire considerati come la diretta conseguenza dell'allentamento della disciplina.
I comandanti delle unità, a tutti i livelli, hanno la loro parte di responsabilità. E' importante che la punizione sommaria dei colpevoli sia eseguita senza pietà.

Giova riportarne l'originale francese, che a differenza del proclama *delle cinquanta ore* esiste davvero.

---

[100] Il testo francese è riportato in appendice.

Quelles que soient les difficultés rencontrées pour surveiller de près la conduite de la troupe au cours d'opérations mouvantes en pays montagneux, les excès de toute nature et en particulier les viols perpétrés dans d'odieuses conditions doivent être considérés comme la conséquence directe d'un relâchement de la discipline. Les commandants d'unité, à tous les échelons, y ont leur part de responsabilité. Il importe **pour l'exemple** que le châtiment des coupables soit poursuivi impitoyablement.

L'espressione *pour l'exemple* indica l'esecuzione sommaria e senza processo dei colpevoli colti sul fatto.
Secondo i dati raccolti da Julie Le Gac, 207 soldati furono processati per violenza carnale -*jugés pour violences sexuelles*- dei quali il 19%, ossia 39 uomini, fu assolto per mancanza di prove.
Le Gac precisa che tra i processati, ben

Il 55% tra di loro beneficiarono di circostanze attenuanti attribuite in maniera discrezionale.

Per la storica francese, queste cifre sono

La prova della carta bianca accordata loro i primi giorni della conquista o più probabilmente una negligenza del comando francese... Come spiegare che un solo goumier sia condannato per stupro quando i Tabor sono i colpevoli designati, si potrebbe vedere la prova di un contratto tacito che permetteva a queste truppe irregolari di saccheggiare e di violentare. Ma questa assenza può allo stesso modo significare un regolamento alternativo delle violazioni e delle infrazioni disciplinari. L'unità di appartenenza dei 28 soldati fucilati sommariamente è sconosciuta. Questa giustizia sommaria è più suscettibile di essere applicata verso truppe irregolari, considerate selvagge e brutali, ma nessuna fonte conferma quest'ipotesi [101].

Vedremo tra poco come l'ipotesi di una giustizia militare più dura verso i *goumiers* sia l'ipotesi storicamente più probabile.
Il capitano Lyautey, nipote del Maresciallo, era ufficiale di collegamento tra il GTM e gli alleati, ebbe a dichiarare a degli ufficiali statunitensi:

Da noi la disciplina è terribile. Ogni dflagranza di delitto è punita immediatamente. L'ufficiale ha il diritto di fare fucilare sul posto, senza aspettare la sentenza del tribun-

---

[101]La preuve de la carte blanche accordée lors des premiers jours de la conquête ou plus certainement une négligence du commandement français… Comment expliquer qu'un seul goumier soit condamné pour viol alors que les Tabors sont les coupables désignés, on peut y voir là l'indice d'un contrat tacite permettant à ces troupes irrégulières de piller et violer. Mais cette absence peut également signifier un règlement alternatif des contentieux et des infractions disciplinaires. L'unité d'appartenance des 28 soldats exécutés sommairement est ainsi inconnue. Cette justice exécutive est plus susceptible d'être appliquée à des troupes irrégulières, considérées comme sauvages et brutales, mais aucune source ne confirme cette hypothèse: Le Gac, op. cit., p.464.

nale militare[102].

Le condanne emesse dalla giustizia militare francese cui fa riferimento la Le Gac furono 125 per stupro, 12 per oltraggio al pudore e 17 per omicidio, condanna che prevedeva la pena di morte, ma solo una condanna venne eseguita. Ventotto militari colti in flagrante furono fucilati sommariamente sul luogo senza processo.

Di tutti i processi solo un fascicolo riguarda un *goumier* marocchino del GTM.

Per gli autori d'oltralpe, la presenza di processi proverebbe il fatto che le autorità francesi condannarono gli stupri. Certamente su oltre 5.000 casi di stupro, 207 processi e 28 esecuzioni sommarie non sono molti, indice questo, quantomeno di una sottovalutazione dei fatti, anche se per obbiettività va aggiunto come a detta dei reduci dei *Tabors* molte esecuzioni sommarie di saccheggiatori e stupratori colti sul fatto siano poi state fatte passare per perdite in combattimento: il generale Guillaume prese delle misure immediate, provvedendo alle fucilazioni sul campo senza processo, segnate come perdite di guerra per motivi amministrativi (*Pour éviter des complications administratives ultérieures, les fusillés ont..., été considérés comme morts au combat*):

Il generale Guillaume era al posto giusto per conoscere la situazione e per prendere delle misure immediate e definitive, coe ha spiegato più in alto il capitano Lyautey. Per evitare delle ulteriori complicazioni amministrative, i fucilati furono fatti passare, a quel che sembra, come caduti sul campo. La lezione servì. Sugli altri teatri d'operazione, come concorda la signora Julie Le Gac, le condanne per stupro furono nell'ordine di poche unità. Al generale Guillaume che reclamava *"un'inchiesta ufficiale"*, che non ebbe mai luogo, il generale de Gaulle rispose *"Sono dei primitivi"*[103].

Di fronte alle accuse che tendevano a gettare solo sui suoi *goumiers* le accuse per stupri e violenze contro i civili, assolvendo le altre unità del CEF Guillaume chiese dunque allo stesso de Gaulle l'istituzione d'una commissione d'inchiesta; la commissione non venne mai istituita. L'unico generale francese che voleva si facesse ufficialmente luce sulla questione degli stupori, l'unico a colpire veramente con pugno di ferro i colpevoli, l'unico ad avere conservato l'onore di ufficiale francese fu proprio Augustin guillaume, il comandante dei *goumiers*! Non

---

[102]Chez nous, la discipline est terrible. Tout flagrant délit est immédiatement puni. L'officier a le droit de faire fusiller sur-le-champ, sans attendre les arrêts du tribunal militaire. Rip. in https://lakoumia.fr/histoire/marocchinate#ftn9

[103]Le général Guillaume était bien placé pour connaître la situation et pour prendre des mesures immédiates et définitives comme l'a expliqué plus haut le capitaine Lyautey Pour éviter des complications administratives ultérieures, les fusillés ont, semble-t-il, été considérés comme morts au combat. La leçon a servi. Sur les autres théâtres d'opérations les condamnations pour viols ont été de l'ordre de quelque unité, comme en convient Madame Julie le Gac. Au général Guillaume qui demandait « *une enquête officielle* », qui n'a jamais eu lieu, le général de Gaulle répondit « *Ce sont de primitifs* »: https://lakoumia.fr/histoire/marocchinate#ftn9

risultano atteggiamenti analoghi di de Monsaber, il comandante della 3e DIA, quelli degli stupri di Esperia.

Secondo Belkacem dietro le violenze non ci fu una sorta di autorizzazione come ritenuto da taluni autori, anche sei i fatti di Ceccano appaiono organizzati, ma di comportamenti nati da atti di indisciplina, peraltro severamente puniti:

Se dei gravi danni vennero provocati da *goumiers* e *tirailleurs* alle popolazioni italiane nel 1944, i documenti provenienti sia della 5ª Armata americana che del CEF, provano come non si trattasse di saccheggi, di furti o di stupri sistematici, ma piuttosto di atti d'indisciplina, certo assai numerosi, e di violazioni di consegna severamente puniti. Un'eccezione, forse: quella dei fatti del 29, del 30, e del 31 maggio presso Ceccano già ricordati in cui la dimensione degli stupri e degli omicidi non ha alcun paragone con quelli solitamente segnalati. Le resposnsabilità sono difficili da stabilire finché gli archivi riguardanti queste questioni non saranno aperti[104].

Nel suo lavoro sul *Corps expéditionnaire français* Carloni scrive che

Il comando del CEF riconobbe un indennizzo massimo di 150.000 l[ire] *una tantum* alle vittime di stupri consumati dai propri coloniali dipendenti. La società *Restituire* fu incaricata di raccogliere le domande di risarcimento, riferendosi ai Comuni di residenza delle donne interessate all'indennizzo. Dopo la partenza degli ultimi rappresentanti francesi, nell'agosto del 1947, il governo italiano fu autorizzato a compensare le liquidazioni con i fondi destinati al risarcimento dei danni di guerra provocati alla Francia con l'aggressione del giugno 1940. Escluse le provincie toscane, complessivamente le richieste di risarcimento furono 50.000. La legge n. 468 dell'agosto del 1950, stabilì i termini per accedere alla pensione da parte delle donne stuprate. L'importo del vitalizio era stabilito in base a tabelle e assimilava i beneficiati alle vittime civili di guerra; era indispensabile avere riportato, nella violenza un'infermità fisica. Non era possibile cumulare indennizzo e pensione. L'Intendenza di Finanza di Frosinone erogò a titolo di indennizzo la somma di l. 100.000 a molte delle donne della Provincia che dimostrarono di aver subito violenza dalle truppe marocchine; tra queste a (nome omesso), "come da ordinativo collettivo n. 233/31 del 24/10/1952 pratica Danni Alleati n. 23868[105]

Lo conferma la Minano nel suo articolo:

Inoltre. dopo l'inchiesta [ufficiale da parte delle autorità francesi, ndA], il primo gennaio 1947, Parigi autorizza l'indennizzo di 1.488 vittime di violenze sessuali. Una forma di riconoscimento? . Forse. A parte il fatto che è stata Roma a pagare. Secondo la procedura degli alleati, l'Italia, paese sconfitto, ha dovuto indennizzare le vittime delle violenze[106].

---

[104]Op.cit., p.34.

[105]Carloni, cit., pp. 183-184.

[106]En outre, après enquête, le 1er janvier 1947, Paris a autorisé l'indemnisation de 1.488 victimes de violences sexuelles. Une forme de reconnaissance ? Peut-être. Sauf que c'est Rome qui a payé. Selon la procédure mise en place par les Alliés, l'Italie, pays vaincu, a dû indemniser les victimes des exactions. (Minano, art.cit.)

L'Italie, pays vaincu, a dû indemniser les victimes des exactions: alla faccia della cosiddetta *liberazione*, verrebbe da dire.

I francesi pagarono da un minimo di 30 mila a un massimo di 150 mila lire fino al 1 agosto 1947; da quel momento a pagare fu lo Stato italiano, stornando i fondi dai 30 miliardi dovuti alla Francia per le riparazioni di guerra. Molti problemi nacquero dal fatto che le donne, oltre all'indennizzo, chiesero anche la pensione come vittime civili di guerra e che per legge i due benefici non erano cumulabili. Ne scaturì un groviglio di questioni burocratiche, ritardi, lamentele. Si aggiunga il moltiplicarsi di richieste poco o nulla fondate, che fecero lievitare il numero delle presunte violenze oltre ogni logica, col risultato di sminuire, soprattutto in Francia, la realtà delle migliaia e migliaia di violenze carnali- circa cinquemila - realmente avvenute, checostituiscono in ogni caso una cifra enorme, indice di un comportamento tanto generalizzato quanto assolutamente criminale da parte delle truppe e dei quadri dei *tabors*, se non autorizzato quantomeno tollerato e minimizzato dai comandi del CEF e dalle autorità politiche della Francia Libera.

Un fenomeno di queste dimensioni che si è protratto per dodici mesi, dalla Sicilia alla Toscana, che ha interessato un numero elevatissimo di persone, non poteva infatti essere sottaciuto o nascosto ai comandanti. Vi furono responsabilità a livello gerarchico militare e politico mai approfondite. Innanzitutto, i comandanti del CEF : Guillaume, ma anche Savez, de Monsabert, Brosset e Dody i quali, non intervennero per impedire le violenze: il principale responsabile della barbarie è da ricercarsi, però per un principio di responsabilità gerarchica, nel comandante in capo di Francia libera, Charles De Gaulle, che durante il culmine delle violenze, si trovava, insieme al suo Ministro della Guerra André Diethelm, a Polleca, in prossimità delle linee, presso il casolare del barone Rosselli, eletto a quartier generale avanzato del CEF. Appare molto improbabile che il capo della Francia Libera non sapesse di quanto avveniva. Si aggiunga che quando alcuni *goumiers* a Ciampino violentarono due donne e le gettarono poi aprì una accesa polemica, denunciando chiaramente le violenze che si verificavano ovunque i marocchini si fossero accampati. A questi attacchi rispose il giornale delle truppe francesi in Italia *La Patrie*, minimizzando l'accaduto.

Due giorni dopo, il 30 luglio, il quotidiano vaticano scrisse che *da parte ufficiale non abbiam visto -o ci è sfuggito- né deplorazione, né assicurazioni in proposito.*

Nel numero del 4 ottobre 1944 L'*Osservatore Romano* tornava sull'argomento:

Le truppe marocchine venute in Italia con gli Alleati, non l'hanno lasciata -come forse pensano i più- assieme alla maggior parte delle truppe francesi allorché furono dislocate da questo su altri fronti. I marocchini sono accampati tutt'ora in alcune località delle province di Roma, Littoria, Napoli, Salerno e Trapani, ove rendono per così dire croniche purtroppo quelle loro violenze che, anche ove trascorrevano, come una folata di tempesta, lasciavano sempre tracce gravissime (...) È veramente tempo che si risolva e finisca una simile condizione di cose. La quale ha addirittura dell'assurdo e per i princìpi e fini cui si ispirano le forze Alleate e per la nessuna ragione militare o politica di questa permanenza in terra altrui di truppe indisciplinate, indisciplinabili e quindi inservibili a qualsiasi scopo[107].

Per Julie Le Gac,

Il generale Juin condannerà queste violenze minimizzandole, ma di fronte alle proteste degli americani ordinerà che siano fucilati tutti i militari colti sul fatto, ciò che condurrà a qualche dozzina di esecuzioni sommarie prima che la giustizia militare non riprenda le cose in mano. Essa pronuncerà 185 condanne per violenze, ma una sola esecuzione perché lo stupro era stato seguito dalla morte della vittima[108].

I tribunali militari della 3e DIA e della 4e DMM duremte diverse sedute tenute nel mese di giugno 1944 pronunciarono una quarantina di condanne per furto, stupro o tentativo di stupro, omicidio o complicità in omicidio.Le pene andavano dai due anni di reclusione ai lavori forzati, alla fucilazione, all'ergastolo con degradazione.
Gli avvocati miltari (*officiers des prévôtés*) sollecitarono la clemenza dei tribunali, in primis quella del *Tribunal militaire de cassation du CEF*.
 La *prévôté* del 35 Q.G. della 4e DMM, il 23 marzo 1944 scriveva a proposito dell'assassinio di un contadino italiano ucciso da due soldati marocchini per essersi opposto al furto di un montone:

Per le autorità francesi il soldato marocchino è in gran parte irresponsabile perché debole di spirito (...) per loro l'italiano è nemico esattamente come il tedesco. Per il marocchino rubare una pecora è una santa *razzia* [in italiano nel testo, ndA], tanto peggio per chi si oppone[109].

Il capitano della *prévôté* conclude :

Se certi fatti sono da deplorare, sono però frutto di tradizione e di costume, così ritengo che questi due bravi soldati abbiano diritto a tutte l'indulgenze e circostanze attenuanti. Essi meritano una punizione per evitare il ripetersi di fatti simili, ma d'altra parte combattono per noi e noi non possiamo dimenticarlo[110].

---

[107]Non era vero, perché i *Tabors* erano sbarcati in Provenza nell'agosto 1944 e nell'ottobre erano impegnati sui Vosgi.

[108]Le général Juin condamnera ces violences tout en les minimisant mais face aux protestations des Américains, il ordonnera que soit fusillé tout soldat pris sur le fait ce qui conduira à quelques dizaines d'exécutions sommaires avant que la justice militaire ne reprenne les choses en main. Elle prononcera 185 condamnations pour violences sexuelles mais dont une seule exécution car le viol avait été suivi du meurtre de la victime.

[109]Pour les autorités françaises le soldat marocain était en grande partie irresponsable parce que faible d'esprit (...) Pour eux l'Italien est l'ennemi tout comme l'Allemand. Pour le Marocain voler un mouton est une sainte razzia, tant pis pour ceux qui s'y opposent: cit. in Belkacem, cit., p.34.

[110]Si de tels faits sont regrettables, ils sont bien le fait d'une hérédité et d'une coutume, aussi je

Per il *prévôt* l'assassinio di un civile italiano, *ennemi tout comme l'Allemand*, non meritava nemmeno una punizione severa; non doveva opporsi alla *sainte razzia*, e *tant pis pour ceux qui s'y opposent*.

Concludendo, non ci fu nessuna autorizzazione da parte di Juin a stupri e violenze. Ma una criminale aquiescenza, un'aperta complicità, una vergognosa sottovalutazione assolutamente sì, con una repressione paradossalmente più dura verso i *goumiers* in quanto irregolari, e quindi fucilabili sul posto senza troppi problemi burocratici, come ordinò Guillaume, rispetto ai militari delle divisioni regolari, soprattutto ai francesi, che tranne casi limitati godettero di una vergognosa indulgenza.

---

considère que ces deux bons soldats ont droit à toutes les indulgences et circonstances atténuantes. Ils méritent une punition pour éviter de pareils événements, mais d'un autre côté ils se battent pour nous et ce n'est pas à nous de l'oublie: ibid., p.34.

CONCLUSIONE.

Un passato che non puo' passare.

Et lorsque finira la guerre
Nous reviendrons dans nos gourbis ;
Le cœur joyeux et l'âme fière
D'avoir libéré le pays
En criant, en chantant: en avant !

Nonostante le pubblicazioni del professor Bruno D'Epiro che fu il primo, a livello locale, a interessarsi in maniera organica a questi misfatti, a parte qualche articolo successivo e qualche raro documentario, la storiografia nazionale ha lasciato pressoché unicamente al film di Vittorio De Sica *La Ciociara*, il difficile ruolo di trasferire al grande pubblico qualcosa sulle marocchinate, come ha scritto Andrea Cionci nel già menzionato articolo dedicato alle *marocchinate* apparso su *La Stampa*.

Fino agli anni '90, poi, come scriveva al sindaco di Esperia lo storico belga Pierre Moreau, nulla del genere era mai apparso sulla letteratura storica in lingua inglese, francese e olandese. La memoria di queste aberrazioni è, tuttavia, ancora una ferita aperta nei luoghi che furono colpiti. Nel 1985, a Esperia, fu organizzata una manifestazione di riconciliazione tra tutti i reduci della guerra. Solo i francesi non furono invitati, in quanto espressamente "non graditi". Il cimitero di guerra di Venafro, che ospita i caduti del Cef, sovente, ancor oggi, vede la propria insegna marmorea imbrattata di vernice da mani ignote[111].

Julie Le Gac ha affermato che

Se l'esercito [francese] non parla apertamente [degli stupri] è anche per mantenere l'immagine gloriosa della battaglia di Monte Cassino, soprattutto in un momento in cui si comincia a ridare la giusta importanza al contributo delle truppe coloniali, perché questo oscurerebbe il messaggio polidico.

Sul sito istituzionale dell'Esercito francese infatti inutilmente si cercheranno

---

[111] A. Cionci, "La verità nascosta delle "marocchinate", saccheggi e stupri delle truppe francesi in mezza Italia", *La Stampa*, 16/03/2016, consultabile su http://www.lastampa.it/2017/03/16/cultura/la-verit-nascosta-delle-marocchinate-saccheggi-e-stupri-delle-truppe-coloniali-francesi-in-ciociaria-stDjcmY65lqhNlHtQjfyLL/pagina.html

notizie sulle violenze inflitte ai civili: semplicemente per i francesi, ancor oggi, non esistono, e , se sono esistite, non hanno una minima importanza; non meritano neppure una parola:

Suite à l'offensive alliée sur la fameuse ligne Gustav, les soldats du général Juin s'emparent de Castelforte, Ausonia, San Giorgio, Esperia. L'artillerie française est particulièrement mise à contribution pour dégager le terrain devant l'infanterie et les blindés. Aux images de villes détruites par les bombardements terrestres et aériens se joignent celles de prisonniers allemands et italiens.
La chute du Mont Cassin le 18 mai et la prise des villes de Pontecorvo et Pico sur la ligne Hitler ouvrent la route de Rome, qui est libérée le 4 juin. La 1ère DFL, qui a occupé Tivoli en fin de matinée, fait symboliquement hisser le drapeau tricolore frappé de la Croix de Lorraine sur le Palais Farnèse, siège de l'Ambassade de France à Rome. Dans les rues de la Ville éternelle, une foule innombrable ovationne les Alliés[112].

Evidentemente ancor oggi gli abitanti delle zone saccheggiate dai francesi e dai loro coloniali non la pensano allo stesso modo.
Vale la pena di ricordare come il sindaco di Pontecorvo rivolse il seguente appello al presidente del parlamento Europeo, all'epoca Antonio Tajani, per chiedere la rimozione della stele eretta nel 2002 in memoria dei soldati del CEF:

Presidente ci aiuti: la stele della vergogna, eretta nel 2002 in ricordo delle truppe marocchine che depredarono la dignità e l'orgoglio delle nostre donne e dei nostri bambini, in località Sant'Esdra dove c'è la scritta «Ici ont repose 175 soldates francais [sic per soldats français] tombes glorieusement» va tolta. Ci aiuti ad evitare lo scontro diplomatico con la Francia". Questa la richiesta pubblica, fatta dal sindaco Anselmo Rotondo al Presidente del Parlamento Europeo Antonio Tajani.
Non si portano onorificenze a popoli che hanno creato una vergogna (stupri e omicidi) di tale entità -rimarca in maniera decisa il sindaco-.
Dopo l'inaugurazione della stele hanno pensato bene di fare un parti [sic! ndA] su una nave ancorata a Gaeta, quindi hanno bevuto e brindato a questo grandissimo successo (la messa in opera della stele).
E' in programma con tutti i paesi del comprensorio una delibera per far rimuovere la stele della vergogna[113].

Va aggiunto che la notte del 23 marzo 2018 mani ignote hanno distrutto la suddetta stele- nota come *stele della vergogna,* o anche *stele dei* goumiers- eretta per commemorare i soldati del CEF a Pontecorvo:

La stele di Pontecorvo è stata distrutta durante la passata notte. Il monumento era finito sulle pagine di cronaca per via di una richiesta di rimozione proveniente da Niki Drago-

---

[112] Le Corps Expéditionnaire Français en Italie en mai – juin 1944, http://www.ecpad.fr/le-corps-expeditionnaire-francais-en-italie-en-mai-juin-1944/
[113] Rip. in http://vittimemarocchinate.blogspot.com/2017/10/pontecorvo-stele-della-vergogna-ai.html?m=1

netti, candidato alle passate regionali del Lazio a sostegno di Sergio Pirozzi.

In seguito alla vicenda riguardante la stele dedicata ai paracadutisti tedeschi, che è stata prima inaugurata e poi levata via, Dragonetti aveva invitato l'Anpi a promuovere lo stesso trattamento per quella che ricordava il passaggio dell'esercito coloniale transalpino.

Quest'altro monumento, infatti, era dedicato all'esercito marocchino [sic per francese, ndA]. Alla fine della seconda guerra mondiale, subito dopo lo sfondamento della linea Gustav, i marocchini inquadrati all'interno dell'esercito francese furono lasciati liberi di depradare Cassino e le zone limitrofe. "Le marocchinate", cioè gli episodi di violenza sessuale ai danni di minori, donne e sacerdoti, sono stati resi noti soprattutto grazie a "La Ciociaria", film premio Oscar di Vittorio De Sica, tratto da un romanzo di Alberto Moravia.

In molti, in effetti, consideravano quel monumento un oltraggio alla memoria storica della Ciociaria e dell'Italia intera. Ma della "stele della vergogna", così com'era stata ribattezzata da alcuni, restano ormai solo centinaia di resti.

Lo stesso Dragonetti, attraverso un comunicato stampa, ha disapprovato l'atto vandalico: "Sono anni che i residenti di Pontecorvo ed Esperia chiedono la rimozione di quel monumento ai caduti marocchini - ha dichiarato -. E ancora:"Perchè da quelle parti viene considerato un insulto, un'offesa nei confronti di donne, bambini e uomini che hanno dovuto subire le barbarie messa in atto dalle truppe nord africane, alleate ma completamente folli. Non c'è famiglia ad Esperia, Pontecorvo, Vallecorsa, Amaseno che non pianga il dolore dell'infamia subita". Un gesto che, per l'esponente politico, sarebbe stato in ogni caso evitabile provvedendo prima. Ad accorgersi della distruzione del monumento sarebbero stati i residenti, che avrebbero immediatamente avvertito le forze dell'ordine. Secondo quanto si apprende su *FrosinoneToday*, adesso si starebbe indagando per comprendere il movente alla base del gesto: puro vandalismo oppure un'azione scaturita da motivazioni razziali.

La "guerra delle statue" che ha interessato il basso Lazio nelle ultime settimane sembra essere terminata: Cassino non avrà la stele dedicata ai paracadutisti tedeschi. Pontecorvo, a meno di ricostruzioni, verrà privata del monumento in ricordo dell'esercito coloniale francese[114].

Inutile commentare; basti dire che la stele di Pontecorvo non commemora nessun marocchino, ma i caduti della 3e DIA, degli *Chasseurs d'Afrique* del 7e RCA e della 13e DB della Legione Straniera un tempo sepolti nel dismesso cimitero di q.101. 175 caduti, algerini, tunisini, francesi e legionari di varia provenienza, musulmani, cattolici e protestanti: tra essi non vi era nessun marocchino[115]. Del resto, come si è detto, ad Esperia ed a Pontecorvo non vi furono mai *goumiers*, e gli stupri lì avvenuti non possono assolutamente essere loro attribuiti come pure si è sempre fatto.

Eppure, a riprova della mancanza di conoscenza storica sugli avvenimenti, si legga un estratto da un sito web *identitario*:

[114] G. Aloisi, "La stele in ricordo dell'esercito marocchino è stata distrutta", Il Giornale, 25/0372018, http://www.ilgiornale.it/news/cronache/stele-ricordo-dellesercito-marocchino-stata-distrutta-1508954.html

[115] J. Heurgon, *La Victoire sous le sign des Trois Croissant*, Alger 1946.

Pontecorvo, patrioti cancellano la vergogna: distrutta la stele in ricordo dell'esercito marocchino

PONTECORVO – Dopo il polverone scatenato negli scorsi giorni, un igoto patriota ha deciso di cancellare la vergogna. Distrutta la stele in ricordo delle bestie dell'esercito marocchino che, durante la seconda guerra mondiale, si rese responsabile di saccheggi e stupri ai danni di donne e bambini avvenuti a Cassino e in tutta la Ciociaria, le famose "marocchinate"[116].

Distruggere un monumento a dei soldati caduti in combattimento- oltretutto morti prima degli stupri e dei saccheggi effettuati diversi giorni dopo magari da appartenenti ad altri reparti!- per pura e semplice ignoranza, chiamando *marocchini* tutti i componenti del CEF è stato semplicemente un gesto vile, purtroppo esaltato da certe parti politiche che si definiscono *sovraniste* e *identitarie* ma che meglio farebbero a definirsi in ben altro modo, allo stesso modo di quegli esponenti dell'estremo opposto, a.n.p.i. e presidenza della regione Lazio, che hanno impedito l'inaugurazione in ricordo dei *Fallschirmjäger* a Cassino pochi giorni prima, in nome dell'antifascismo e della *liberazione*[117].
Comportamenti ingiustificabili, ma tuttavia ben comprensibili.
Riassiumiamo dunque quanto abbiamo esposto nel corso del presente lavoro.
Abbiamo visto come l'occupazione militare alleata venne caratterizzata da un comportamento particolarmente brutale da parte soprattutto delle truppe francesi nei confronti della popolazione civile italiana. Parallelamente alla loro avanzata, i militari francesi, coloniali e nazionali, si resero colpevoli di

Graves […] violences et […] abus […] dans toutes les régions où ils sont passés [abbandonandosi] à une activité terroriste [segnata da] des centaines de vols, homicides, attaques à main armée, violences sexuelles, coups et blessures, saccages et dévastations (…)

come scritto in una lunga e dettagliata lettera di Giovanni Moretti inviata a Juin. Già dopo la prima giornata di occupazione da parte della 3e DIA il 17 maggio, il podestà di Esperia scriveva come si fossero constatati

…In numerose abitazioni i primi casi di violenza contro le donne, dei furti, dei saccheggi, delle rapine a mano armata, e l'assassinio di coloro che hanno cercato di difendere le proprie donne, oltre che degli incendi. Terrorizzata da questi fatti la popolazione ha cercato aiuto presso gli ufficiali francesi comandanti di questi reparti: gli si è risposto sempre evasivamente e a volte negativamente. Le truppe poterono proseguire impunemente i loro crimini nei due o tre giorni che seguirono, senza che la popolazione civile potesse reagire: affamata e disperata essa dovette subire queste umiliazioni da parte della truppa. Quando le truppe marocchine [sic! erano algerini, ndA] ebbero estesa l'occupazione su

---

[116]http://riscattonazionale.org/2018/03/25/pontecorvo-patrioti-cancellano-la-vergogna-distrutta-la-stele-in-ricordo-dellesercito-marocchino/
[117]Sull'argomento rimandiamo ancora al nostro *Am Arsch der Welt*, cit.pp.98 segg.

tutto il territorio comunale, dove stazionarono per più di dieci giorni, le case, le masserie, le capanne furono spogliate e saccheggiate, spesso incendiate e spogliate di tutti i loro oggetti: oro, denaro, bestiame, corredi, vestiario, ecc. In un breve periodo tutta la zona venne saccheggiata e la popolazione terrorizzata. […] In seguito la popolazione si rifugiò verso Spigno Saturnio, sede del comando americano, e venne assalita durante il percorso per essere sistematicamenti rapinata dei suoi ultimi oggetti di valore; spesso le donne vennero violentate e dovettero subire delle sevizie. (…)

Tenendo conto del numero elevato dei comuni attraversati dai coloniali del CEF (circa una quarantina) e del periodo piuttosto lungo nel quale le violenze ebbero luogo, le cifre degli stupri furono assai elevate, ed anche senza raggiungere le cifre grottescamente alte avanzate per ottenere pensioni ed indennizzi o per motivi di trattativa politica in sede di trattato di pace, la cifra di cinquemila stupri proposta dalla Le Gac sembra la più probabile.
Al di là delle speculazioni circa le cifre, ha scritto Tommaso Baris, un fatto è incontestabile: nel Basso Lazio le violenze sessuali perpetrate dalle truppe d'occupazione alleate ebbero una dimensione di massa, ciò che ha reso la situazione italiana un fatto senza riscontri; certo, vi furono casi di stupri in Europa Occidentale e nella stessa Italia, perpetrati da GI americani, ma si trattava, nella stragrande maggioranza dei casi, avvenuti nelle retrovie. Gli avvenimenti italiani, per Baris, si collocano a metà strada tra l'aspetto episodico degli stupri commessi dai soldati alleati in Inghilterra, in Francia o in Germania, e la sistematicità delle violenze sessuali commesse dall'Armata Rossa in Germania.
La memoria sistematica delle violenze sessuali che accompagnarono l'avanzata del CEF presenta forti somiglianze con quella degli abitanti dell'Austria Meridionale: anche in questa regione l'attesa della fine della guerra venne violata dal comportamento tenuto dai *liberatori* sovietici che consideravano i civili come nemici sconfitti, per i quali la punizione era il dover subire il saccheggio e gli stupri: come i sovietici, gli uomini del CEF godettero, dopo la rottura della *Gustav*, di una disciplina troppo permissiva, pur senza che si sia mai verificata la leggenda delle *cinquanta ore di libertà*. Il rilassamento della disciplina viene confermato quando si analizzi la reazione del comando francese verso i crimini commessi conto la popolazione civile. Violenze contro i civili erano già avvenute ad opera di soldati francesi, ma le autorità militari del CEF avevano allora collaborato con i Reali Carabinieri per identificare e punire i colpevoli: ad Atella, ad esempio, una ragazza aveva

Persa la propria verginità con violenza ed è stat violentata per più di un'ora da tre militari arabi dell'esecito francese, poi lasciata a terra[118],

il 24 dicembre 1943. I responsabili vennero *identifiés et arrêtés par le comman-*

[118]Come recita la sentenza del tribunale militare francese: *Perdu sa virginité avec violence et été violée pendant plus d'une heure par trois militaires arabes de l'armée française, puis abandonnée à terre,*

dement de leur régiment , e deferiti al tribunale di guerra alleato. Di fronte a crimini più atroci erano stati utilizzati metodi draconiani: quando venne scoperto a Santa Maria la Fossa il corpo di un bimbo di nove anni, che presentava

delle lacerazioni dell'orifizio anale, dei segni evidenti di ferite nella regione addominale e di strangolamento per mezzo di una corda, ed ecchimosi su tutto il corpo[119],

il colpevole dello scempio, un militare francese di colore, dopo esser stato identificato venne portato dal distaccamento della *Gendarmerie* davanti al muro di cinta del cimitero del paese e fucilato *par l'exemple* davanti al suo reparto schierato. I documenti francesi conservati presso il SHAT, *Service historique de l'armée de terre*, riportano numerosi esempi simili: circa 360 militari francesi vennero processati per crimini contro i civili nelle zone di retrovia. Ma tutto cambiò con il passaggio della *Gustav*. Scrive Belkacem:

Nel momento in cui si svolge questa battaglia nessun potere può, o vuole, intervenire per difendere i civili. (…)

Né le violenze si limitarono al frusinate, ma proseguirono, sebbene su scala minore, anche dopo la conquista di Roma:

Il soldati del corps expéditionnaire cocommisero ancora, ma in misura minore, delle gravi violenze verso le popolazioni locali del Lazio settentrionale e della Toscana.

Le autorità militari italiane cobelligeranti segnalavano che

Le unità marocchine […] continuano a commettere atti terroristici in tutte le località dove passano come […] a Montefiascone, ed in genere in tutta la zona di Bolsena, dove hanno commesso centinaia di furti, di omicidi, di rapine, i stupri, di percosse e ferite, di saccheggi e devastazione.

Alcuni esempi, tra i molti segnalati dalle autorità italiane: a Montefiascone il 20 giugno, Mazzetti Adele di anni 50 veniva uccisa da soldati marocchini nel tentativo di proteggere la figlia da violenze carnali; il 23 successivo, nello stesso comune, Andreini Ada veniva, unitamente al figlio di cinque anni, uccisa da militari marocchini per aver cercato di resistere alle violenze di questi; nel podere Ragno della frazione Macchie di un comune non identificato dell'area, il 29 giugno, verso la mezzanotte,

Sette militari marocchini, dopo aver abbattuto la porta d'ingresso dell'abitazione di L. Lina nei B., nata nel 1920, trasportavano la L. Lina in una camera attigua dove, in presenza della nonna L. E. di anni 81, compivano a turno su di lei violenza carnale e vio-

---

[119] ....des lacérations de l'orifice anal, des signes évidents de blessures dans la région abdominale et d'étranglement au moyen d'une corde, et des ecchymoses sur tout le corps.

lenza contro natura.

Dopo il viterbese, toccò alla Toscana con l'invasione del senese;

Anche lì, scrivono i RR. Carabinieri, le truppe francesi, e specialmente i contingenti marocchini, hanno continuato a compiere violenze di carattere sessuale contro la popolazione, suscitando panico e vergogna

al punto che i civili accolsero con gioia la notizia dell'arrivo di truppe britanniche in sostituzione del CEF.

Ulteriori, gravi violenze avvennero nel livornese e soprattutto sull'Isola d'Elba dopo lo sbarco francese che portò alla conquista dell'isola.

E allora perché, a parte pochissimi casi come il romanzo di Moravia e il film di De Sica, di queste tragedie nulla o quasi è rimasto nella storiografia e nella memoria? Perché una rimozione così totale?

Ricordare apertamente gli stupri, ha scritto Tommaso Baris, avrebbe sottolineato la lunga impotenza degli italiani dopo la resa. Questa tragedia non poteva esser letta attraverso gli occhiali dell'antifascismo e della resistenza all'invasore straniero. Gli autori di questi crimini non erano i nemici (o ex alleati), i tedeschi, contro cui i partigiani avevano preso le armi per la rinascita della nazione distrutta dal fascismo, ma gli alleati, i *liberatori*, al cui fianco i partigiani combattevano in nome della libertà, né gli stupri potevano essere presentati dalla politica della repubblica antifascista nata dalla *resistenza* come un frammento della tragedia collettiva del popolo italiano, che servisse a denunciare il nemico fascista e nazista. Ciò spiega l'assenza del tema delle *marocchinate* nella storiografia italiana.

Del resto il parlarne all'indomani dell'adesione dell'Italia alla NATO poteva sembrare un atto d'accusa verso i nuovi alleati- ed ecco perché la Rossi e la propaganda comunista strumentalizzarono il dramma, pur non provando alcun interesse vero per l'argomento: come scrive ancora il Baris,

Aderendo alla NATO nel 1949, l'Italia repubblicana poteva difficilmente far accettare delle visioni critiche delle campagne militari condotte nel 1944 da due nuovi alleati: la Francia, e soprattutto, gli Stati Uniti. Tornare sulle violenze sessuali avrebbe potuto portare a "discutere i valori dell'Alleato e dell'Alleanza occidentale", fornendo utili argomenti ai partiti di sinistra che si opponevano all'ingresso dell'Italia nel Patto atlantico, Non era quindi saggio, dal punto di vista tanto della politica interna che di quella estera, aprire questo vaso di Pandora[120].

dall'altra parte ricordare le violenze del CEF poteva mettere in dubbio la leggenda della *liberazione* dal nazifascismo e della *rinascita civile e democratica* dell'Italia repubblicana grazie alla *lotta partigiana*, magari ricordando che gli

---

[120]T. Baris, "Le corps expéditionnaire français en Italie: violences des « libérateurs » durant l'été 1944", *Vingtième Siècle, Revue d'histoire*, 2007/1 (n° 93)

italiani per i francesi erano e restavano i nemici fascisti, i responsabili del 10 giugno 1940, da punire e da umiliare. Tutti gli italiani. Si ricordi quantro scritto da un avvocato militare della 4ᵉ DMM:

...L'italiano è nemico proprio come il tedesco. Per il marocchino rubare un montone è una santa razzia, e tanto peggio a chi si oppone[121].

Ciò avrebbe smentito anche la menzogna di un'Italia uscita vittoriosa da una guerra in realtà persa, e persa male, solo grazie alla *resistenza*, riportando all'immagine di un paese sconfitto e preda di un esercito invasore e non certo amico e tanto meno liberatore.

Se proprio se ne doveva parlare, meglio accollare le colpe, tutte le colpe!, sui *goumiers* dall'aspetto insolito e feroce, con le loro *jellabas* e i *bournus*, facendone gli unici responsabili, quasi fossero dei selvaggi incontrollabili: i *marocchini*, appunto, quasi a rimuovere le colpe, altrettanto e spesso più gravi (Esperia e Pontecorvo *in primis* dove ancora oggi le colpe sono a torto addossate ai *goumiers*!) dei crimini compiuti dai reparti coloniali regolari e dal personale francese, e tacendo la colpevole complicità dei comandi del CEF e della Francia Libera.

Per la *repubblica nata dalla resistenza* (o, più esattamente, al seguito delle salmerie alleate) era meglio piuttosto nascondere la gravità dei fatti accaduti nel maggio 1944, e focalizzare l'attenzione e la memoria storica sull'analisi delle stragi naziste in Italia, attraverso l'analisi anche delle testimonianze orali delle popolazioni locali; ma le testimonianze dei civili dell'area a cavallo della linea Gustav sono di segno opposto, ribaltando il rapporto buoni- cattivi. Chi scrive ricorda la frase di un'anziana contadina di Terelle, teatro di durissimi scontri tra i *tirailleurs* tunisini della 3ᵉ DIA ed i tedeschi della 44. *Hoch und Deutschmeister*: *Chi mi parla male dei tedeschi gli sputo in faccia*[122].

In effetti a parte le violenze legate a rappresaglie ed a casi di saccheggio, ai tedeschi non possono essere addebitate azioni di violenza continuata e su grande scala contro i civili come quelle del CEF, sebbene si sia tentato di inventare analoghe violenze sessuali che avrebbero avuto luogo durante i rastrellamenti nel piacentino, ispirate ai fatti del Basso Lazio, e guarda caso imputati alla 162. *Gren.Div. Turkestan*- i *mongoli*, come sono stati chiamati: per certi autori dei *selvaggi*, quasi fossero i marocchini dell'Asse!- che esistettero, a parte pochissimi casi i cui responsabili vennero peraltro immediatamente soppressi, solo nella propaganda postbellica di carattere resistenziale[123]. In generale il contegno dei tedeschi verso le popolazioni si mantenne quasi sempre inappuntabile, al di là

---

[121]..L'Italien est l'ennemi tout comme l'Allemand. Pour le Marocain voler un mouton est une sainte razzia, tant pis pour ceux qui s'y opposent.

[122]Il fatto successe nel settembre 2005.

[123]Si è provato qualche volta ad accusare di stupri anche i cosacchi, ma senza che siano mai emersi elementi per parlare di violenze contro i civili: a smentita di tali invenzioni si veda P. Arrigo Carnier, *L'Armata Cosacca In Italia (1944-1945)*, Milano 1962 e id., *Lo sterminio mancato. La dominazione nazista nel Veneto orientale, 1942-1946*, Milano 1982.

ripetiamo delle azioni di rappresaglia o di soppressione delle attività clandestine.
Baris commenta al proposito che

Rifiutando infondati revisionismi, non dimentichiamo che gli anglo-americani non erano estranei a questa cultura della guerra, basata sulla nozione assoluta di *nemico*, In un contesto specifico e particolare, i *liberatori* non sono quindi sempre riconosciuti come tali dalle popolazioni locali, proprio perché scelsero di condurre la guerra in modo assai penalizzante verso i civili.

Un esempio lampante di come si sia tentata di camuffare, anzi, di falsificare la realtà storica, è data dalla vicenda del monumento alla *Mamma Ciociara* di Castro dei Volsci, raffigurante una madre che fa scudo alla figlioletta con il proprio corpo.
Si tratta del sacrificio di Margherita Molinari, sfollata con le figlie sulle montagne di Villa S.Stefano. Il 27 maggio un gruppo di *tirailleurs* marocchini della 2^e DIM fece irruzione nel rifugio della famiglia Molinari tentando di violentare le tre figlie.
Margherita Molinari reagì e riuscì a gettare a terra uno degli aggressori, ma questi rialzandosi, non esitò a scaricarle contro il fucile mitragliatore[124]. La confusione seguita all'azione portò alla fuga dei soldati salvando le ragazze.
Alla statua, nel 1964 per volere della sinistra venne apposta un'iscrizione menzionante il *ventennale della Resistenza*. C'è da chiedersi quale *resistenza* si sia mai svolta in Ciociaria nel 1944, ma soprassediamo.
Al di là di ogni ironia, la dedica *Alla mamma ciociara* è leggibile solo sulla parte retrostante del monumento, e da vittima dell'invasione alleata Margherita Moliari viene spacciata per martire dell'antifascismo.
A tal proposito, il presidente dell'*Associazione Nazionale Vittime delle "Marocchinate"* Emiliano Ciotti, durante il convegno del 2011 da noi già citato tenutosi nella cittadina laziale nel 2011 chiese la rettifica dell'epigrafe ed inviò una lettera all'aministrazione comunale di castro dei Volsci, che riteniamo opportuno riprodurre così come appare sul *blog* dell'ANVM:

Al Sindaco Lombardi Massimo
Al Vice Sindaco Ambrosi Leonardo

Oggetto: Spostamento Iscrizione commemorativa del "Ventennale della Resistenza".

Il Sottoscritto Emiliano Ciotti Presidente Dell'Associazione Nazionale Vittime Delle Marocchinate, Associazione del tutto Apolitica come da Statuto ,associazione costituita da parenti ed amici vittime delle"Marocchinate"

---

[124]L'uso di un fucile mitragliatore porta ad escludere che i militari fossero *goumiers*, che non ebbero in dotazione armi automatiche sino alla campagna di Provenza. Si trattava con ogni probabilità di *tirailleurs* regolari della 2e DIM, certamente non di *goumiers* del GTM, come pure stato scritto (p.e. nel volume di M. Lucioli, D. Sabatini, *La ciociara e le altre. Il corpo di spedizione francese in Italia 1943-1944*, Roma, 1998)

Visto

Che la statua "Mamma Ciociara"raffigura una madre che fa scudo col proprio corpo alla giovane figlia e si ispira ad una storia vera, quella di <u>Margherita Molinari di Castro dei Volsci</u>

Riteniamo

Che l'iscrizione commemorativa del "Ventennale della Resistenza" situata alla base del monumento non ha nulla a che vedere con le vittime delle "Marocchinate",
Che Il monumento descrive in maniera universale il ricordo di quelle povere donne, personificate da **Margherita Molinari,**
Che le violenze ed gli omicidi dei "Liberatori" non possono essere sfruttate per una propaganda politica di nessun genere.

Chiediamo

Nel rispetto delle Vittime,
Lo spostamento dell'epigrafe "ventennale della resistenza"
E che la scritta "Mamma Ciociara" venga posta nella parte anteriore del monumento

Sicuri di avere presto un vostro cortese riscontro vi porgiamo i nostri cordiali saluti"

Il Presidente ANVM
Emiliano Ciotti[125]

Naturalmente il *cortese riscontro* non c'è stato e la menzione della *resistenza* rimane. Del resto, c'è chi, come il sindaco del comune di Carpineto Romano, tale Briganti Quirino, il 14 maggio 2014 rivolgendosi ai membri de *La Koumia* in visita al paese laziale dove l'esplosione di villa Pecci causò la morte del comandante del 17e *Tabor* ten. col. Eric d'Alès e di ufficiali e *goumiers*, non si è fatto problemi ad affermare senza alcuna vergogna, ma probabilmente non sapendo neppure di cosa stesse parlando, millantando una lotta comune tra partigiani e marocchini:

E' un momento importante e significativo il vostro ritorno a Carpineto Romano" ha detto il sindaco Briganti "perché suggella un patto forte di amicizia e di pace tra i nostri paesi, che 70 anni fa i nostri padri siglarono lottando per un futuro di pace e serenità[126].

Nessun commento per certe affermazioni che al più denotano l'ignoranza dei fatti e della storia, tipiche di talune parti politiche e che costituiscono un oltraggio alla memoria delle vittime di violenze e stupri di massa.
Il nemico, a cavallo della linea *Gustav* e della *Dora*, nel Cassinate e nel Basso

---

[125]http://vittimemarocchinate.blogspot.com/2011/10/richiesta-di-rimozione-dellepigrafe-del.html
[126]http://www.controluce.it/notizie/delegazione-ass-la-koumia-a-carpineto-romano-dove70-anni-fa-i-loro-padri-liberarono-il-paese/

Lazio non furono i tedeschi, ma gli alleati con i loro bombardamenti, la *liberazione* che si dimostrò un'invasione, i coloniali ed i francesi del CEF con i loro stupri e le loro violenze contro i civili[127].

La distruzione della stele di Pontecorvo può quindi indignare, non stupire.

Come indigna, ma non stupisce, la falsificazione ideologica del monumento di Castro dei Volsci, che cerca con la menzione della *resistenza* di far passare la vittima dalla parte dei suoi carnefici.

Una brevissima considerazione finale.

La Francia di De Gaulle condannò a morte per collaborazionismo, pur commutando la sentenza, il Maresciallo Philippe Petain: ma i *poilous* di Petain avevano salvata la Francia a Verdun; i *goumiers*, i coloniali, gli ufficiali gollisti in Italia ne macchiarono per sempre l'onore, in nome dell'antifascismo e della *liberazione*.

Senza che nessuno, a parte qualche coloniale tanto sfortunato da venire colto sul fatto, abbia mai pagato per le proprie responsabilità.

---

[127] *Dans les zones traversées par la ligne Gustav, l'étude de la seconde guerre mondiale a conduit certains d'entre eux, recourant aux sources orales, à s'interroger sur le thème des violences alliées, évoquées de nouveau par les interviewés, tant sous le biais des bombardements anglo-américains que sous l'angle du passage dramatique des troupes du corps expéditionnaire français* (ibid.).

l monumento alla "Mamma ciociara" a Castro dei Vosci.
La statua riproduce il sacrificio di Margherita Molinari, assassinata dai soldati del CEF mentre tentava di difendere le sue figlie.

Un *goumier* ritratto in una foto propagandistica dell'epoca.

CRONOLOGIA

10 Luglio 1943.
Gli alleati sbarcano in Sicilia; è presente un reparto di *goumiers marocains* (4e *Tabor*). Primi stupri ad opera dei *goumiers* a Capizzi.

Novembre 1943 :
Le prime unità francesi della 1er *Armée* imbarcate ad Orano sbarcano in Italia a partire dal 13 novembre.
Le truppe del generale Juin sono inquadrate nel XV° Gruppo di Armate del gen.Harold Alexander.

Dicembre 1943:
La 2e DIM conquista Monte Pantano e la Mainarda; il 13 dicembre la 2e DIM (gen. Dody) riceve l'ordine di conquistare il Monte Pantano (1100m) e di rilevare la 34th US *Inf. Division* che ha perduto 1500 uomini tentando senza successo di impadronirsi di Monte Pantano, difeso dalla 305. *Infanterie- Division*. Il 5e RTM del col. Joppe conquista il Pantano; l'8e RTM il 26 dicembre da parte sua conquista la Mainarda (1478m) con pesanti perdite.
L'11 dicembre sono segnalati i primi stupri contro la popolazione civile.

Gennaio 1944:
La 1er *Armée* assume ufficialmente la denominazione di *Corps Expéditionnaire Français d'Italie*.

25 Gennaio - 4 Febbraio:
Prima Battaglia di Cassino: il CEF attacca i colli Belvedere ed Abate, Monte Caira e Terelle, difesi dalla 44. R*eichsgrenadier-Division "Hoch und Deutsch-meister"*. Si distingue in particolare la 3e DIA con il 4e RTT che perde i due terzi degli effettivi (279 morti, 426 dispersi e 800 feriti).

25 Gennaio:
Il *Corps Expéditionnaire Français* conquista il colle Belvedere.

26 Gennaio:
I *tirailleurs* tunisini del 4e RTT conquistano il colle Abate.

27 Gennaio:
I tunisini sono costretti dalla controffensiva tedesca a lasciare il colle Abate.

31 Gennaio:
I coloniali francesi riconquistano il colle Abate, ma vengono respinti dai tedeschi.

31 Marzo:
I *goumiers*, appoggiati da reparti collaborazionisti italiani (tra i quali il btg. alpini *Piemonte*), conquistano il Monte Morrone.

Maggio 1944 :
Quarta battaglia di Cassino, per i francesi battaglia del Garigliano: il CEF sfonda la linea *Gustav* prima e la linea *Dora* poi, conquistando i monti Aurunci e provocando la caduta il 13 del fronte di Cassino; violenze e stupri contro la popolazione civile.

13 Maggio:
La 2ᵉ DIM conquista i monti Garofano e Maio aprendo così la strada per Roma; la 4ᵉ DMM e la 3ᵉ DIA penetrano nella Linea *Gustav*, conquistando rispettivamente il monte Ceschito e Castelforte; verso sera la 1a divisione marocchina raggiunge il Liri.

14 Maggio:
 Il GTM ed elementi della 4ᵉ DMM francese attaccano in direzione del monte Petrella, sui monti Aurunci.

15 Maggio:
La 78a divisione inglese raggiunge la strada Cassino-Pignataro, mentre più a sud la 1er DMI entra a San Giorgio al Liri; la 3ᵉ DIA occupa Ausonia.

16 Maggio:
I reparti del *Corps Expéditionnaire Français* occupano in rapida successione i monti Petrella e Revole nel gruppo dei monti Aurunci.

17 Maggio:
Gli algerini della 3ᵉ DIA e elementi della 1er DMI conquistano Esperia; nella notte inizia la ritirata tedesca da Montecassino.

30- 31 Maggio:
Il 15. *Panzergrenadier-Regiment* abbandona la linea *Dora*.
Nel frusinate si moltiplicano stupri e saccheggi da parte delle truppe del CEF.

4 Giugno:
Nell'esplosione del comando del 17ᵉ *Tabor* a villa Pecci a Carpineto Romano

muoino il comandante del *Tabor*, ten. col. d'Alès de Corbet, due capitani e trentasette *goumiers*.

17- 20 Giugno.

Operation Brassard: le truppe francesi, tra cui i *goumiers* del 2ᵉ GTM, occupano
l'Isola d'Elba.

3 Luglio:

Occupazione di Siena da parte del CEF e nuove violenze sui civili a Radicofani,
S. Quirico, Murlo.

Il CEF viene ritirato dal fronte e le sue unità integrate nell'*Armée* B del gen. Jean
de Lattre de Tassigny in vista dello sbarco in Provenza del 15 agosto 1944.

L'offrande, **acquerello di Siss (1945 ca).**
Un *goumier* offre una gallina rubata al proprio ufficiale. Gli irregolari ma-
rocchini consegnavano sempre una quota delle loro razzie al proprio co-
mandante di *Goum*.
Si noti sullo sfondo un TD M10. (Coll. Colloredo)

ORDINE DI BATTAGLIA DEL
CORPS EXPÉDITIONNAIRE FRANÇAIS D'ITALIE,
MAGGIO 1944

1re Division de Marche d'Infanterie (gen. Diego Brosset)

1er e 2e bataillon, 13e Demi-brigade de la Légion étrangère
22e bataillon de marche nord-africain
Bataillons de marche nn. 4, 5, 11, 21, 24
Bataillon d'infanterie de marine et du Pacifique
7e régiment de chasseurs d'Afrique
1er régiment de fusiliers marins
8e régiment de chasseurs d'Afrique
1er régiment d'artillerie de marine des FFL

2e Division d'Infanterie Marocaine (gen. André Dody)

4e régiment de tirailleurs marocains
5e régiment de tirailleurs marocains
8e régiment de tirailleurs marocains
3e régiment de spahis marocains
63e régiment d'artillerie d'Afrique

3e Division d'Infanterie Algérienne (gen. Joseph de Goislard de Monsabert)

3e régiment de tirailleurs algériens
7e régiment de tirailleurs algériens
4e régiment de tirailleurs tunisiens
3e régiment de spahis algériens
67e régiment d'artillerie d'Afrique

4e Division Marocaine de Montagne (gen. François Sevez)

1er régiment de tirailleurs marocains
2e régiment de tirailleurs marocains
6e régiment de tirailleurs marocains
4e régiment de spahis marocains
64e régiment d'artillerie d'Afrique

69ᵉ régiment d'artillerie de montagne

Groupement de *Tabors* Marocains (gen. Augustin Guillaume)

1er *Group de Tabors marocains* (2e, 3e, 12e *Tabor*)
3ᵉ *Group de Tabors marocains* (1er, 6e, 15e *Tabor*)
4ᵉ *Group de Tabors marocains* (5e, 8e, 11e *Tabor*)

Emblema del CEF

ORGANIGRAMMA DEI *GOUMS MAROCAINS* IN ITALIA, 1944.

Stato Maggiore dei *Goums marocains* (2e *Goum de Q. G.*).

Generale comandante i *Goums marocains*: *Général* Augustine Guillaume.
Aiutante in seconda: *Colonel* Piatte, poi *colonel* Hogard.
Capo di S.M.: *Chef de bataillon* Partiot.
Ufficiale superiore a disposizione: *Chef de bataillon* Pantalacci, poi *chef de bataillon* Aunis.

1er *Groupe de Tabors Marocains*.

Comandante il 1° G. T. M.: *Colonel* Leblanc.
Aiutante in seconda : *Lieutenant-colonel* Bourdelle.
Capo di S.M.: *Chef de bataillon* Lebrun.
Ufficiale superiore: *Chef de bataillon* Henry.
Comandante il 2^e *Tabor* (51^e, 61^e e 62^e *Goums*): *Chef de bataillon* Roussel.
Comandante il 3^e *Tabor* (4^e, 65^e e 101^e *Goums*): *Chef de bataillon*, poi *lieutenant-colonel* de Colbert-Turgis.
Comandante il 12^e *Tabor* (12^e, 63^e e 64^e *Goums*): *Chef de bataillon* Leboiteux.

3^e *Groupe de Tabors Marocains*.

Comandante il 3e G. T. M.: *Colonel* Massiet du Biest.
Aiutante in seconda: *Chef de bataillon* Pacoret de Saint-Bon.
Capo di S.M.: *Chef de bataillon* Mye-Sainte-Marie.
Comandante il 9e *Tabor* (81e , 82e e 83e *Goums*): Comandante: *Commandant* Picardat.
Comandante il 10e *Tabor* (84e, 85e e 86e *Goums*): Comandante: *Commandant* Boulet-Desbarreaux.
Comandante il 17e *Tabor* (14e, 18e e 22e *Goums*): Comandante: *Commandant*, poi *Lieutenant colonel* d'Alès de Corbet, morto a Carpineto, poi *commandant* Parlange.

4e *Groupe de Tabors Marocains*.

Comandante il 4e G. T. M.: *Lieutenant-colonel* Soulard, poi *colonel* Gautier.
Ufficiale in seconda: *Chef d'escadrons* Berciaux.
Capo di S.M..: *Capitaine* Jarry.

Ufficiale superiore: *Commandant* d'Arcimoles.

Comandante il 5^e *Tabor* (41^e, 70^e e 71^e *Goums*): *Capitaine* Parlange, poi *commandant* de Villemandy.

Comandante il 8^e *Tabor* (78^e, 79^e e 80^e *Goums*): *commandant* Aunis, poi *commandant* Pantalacci.

Comandante il 11^e *Tabor* (82^e, 89^e e 93^e *Goums*): *commandant* Pelorjas.

Nota. Il 2^e G. T. M. (*colonel* de La Tour), non partecipò alle operazioni del CEF, ma a quelle per l'occupazione dell'isola d'Elba.

Il simbolo dei *Goums Mixtes Marocains*, la *Koumia* con la sigla GMM. I GMM comprendevano reparti di fanteria e di cavalleria.

APPENDICI.

Comando generale dell'Arma dei Carabinieri Reali, relazione sulle violenze commesse dalle truppe coloniali francesi a danno della popolazione civile all'isola d'Elba, 21 settembre 1944.

Riservato personale

COMANDO GENERALE DELL'ARMA DEI CARABINIERI REALI

UFFICIO SERVIZIO - SITUAZIONE E COLLEGAMENTI

N. 67/16 di prot. R.P.   Roma, 21 settembre 1944

Risposta al   del   n.   Allegati n.

OGGETTO: Isola d'Elba - Violenze commesse da truppe coloniali
francesi in danno della popolazione.

A S.E. IL MINISTRO DEGLI ESTERI — ROMA
A S.E. IL MINISTRO DELL'INTERNO — ROMA
A S.E. IL MINISTRO DELLA GUERRA — ROMA
A S.E. IL SOTTOSEGRETARIO DI STATO ALL'INTERNO — ROMA
A S.E. IL CAPO DI STATO MAGGIORE R.ESERCITO — ROMA
e, per conoscenza:
A S.E. IL PRESIDENTE DEL CONSIGLIO DEI MINISTRI — ROMA
ALLA PRESIDENZA DEL CONSIGLIO DEI MINISTRI — ROMA
A S.E. IL CAPO DI STATO MAGGIORE GENERALE — ROMA

Il 17 giugno 1944, alle ore 2 circa, avevano inizio
le operazioni militari per la liberazione dell'Elba,
che, superata la difesa - in alcune zone accanita - dei
reparti tedeschi e repubblicani, veniva completamente
liberata il 19 successivo. Le operazioni furono compiu
te da una divisione di fanteria coloniale degaullista,
su due brigate (17.400 uomini), appoggiata da oltre
10 batterie di medi e grossi calibri.

Trattavasi di truppe di colore (senegalesi e maroc
chini) inquadrate da ufficiali francesi, molti dei qua
li corsi. Terminate le operazioni, queste truppe si abbandonavano, verso la popolazione dell'isola, ad ogni sor
ta di eccessi, violentando, rapinando, derubando, depre
dando paesi e case coloniche, razziando bestiame, vino,

ed uccidendo coloro che tentavano opporsi ai loro ar
bitri. Dettero l'impressione alla popolazione atterri
ta di voler sfogare un profondo sentimento di vendetta
e di odio.

Gli ufficiali assistettero indifferenti a tanto
scempio, soliti rispondere a coloro che ne invocavano
l'intervento: "E' la guerra..... sono dei selvaggi....
non c'è nulla da fare..... questo è nulla in confronto
a ciò che hanno fatto gli italiani in Corsica".-

I più accaniti si dimostrarono i coral.

Nella popolazione - che aveva atteso con ansia, durante lunghi mesi di persecuzione tedesca, il momento
della liberazione - sorse un'ondata di indignazione.

Abbandonata, si ritirò, dalle case, sulle montagne
e attese il ritorno alla normalità, che si ebbe solo
con la partenza di questi reparti, avvenuta 25 giorni
dopo.

Perchè gli eccessi commessi e specie gli atti di libidine compiuti siano noti alle autorità centrali, l'Arma
locale ha compiuto al riguardo diligenti accertamenti
che hanno dato il seguente risultato statistico:

a)- VIOLENZE COMMESSE SU DONNE, RAGAZZE E BAMBINI:
n.191 casi; oltre 20 tentate violenze su donne ed una
su bambino;

b)- UCCISIONI:

in Capoliveri, ucciso il padre che tentava opporsi alla violenza su una figlia (egualmente violata dopo l'assassinio del genitore); in Portolongone, uccisi due uomini che cercavano di impedire violenze sulle loro spose
in Campo Elba, uccisi due uomini che tentavano opporsi
alla violenza sulle loro donne, ed altro uomo che voleva

impedire il saccheggio della propria casa; in Portoferraio ucciso il padre che tentava opporsi alla violenza sulla propria figlia; trucidati due uomini men
tre, da un rifugio, cercavano raggiungere la propria
abitazione per prendervi generi da mangiare; ucciso
un giovane studente da un sottufficiale corso "perchè
la di lui madre piangesse"; sempre in Portoferraio -
durante il coprifuoco - un soldato marocchino, infine,
freddava, con due colpi di fucile, una ragazza del luo
go ed un sottufficiale francese che si accompagnava
con lei;

c)- RAPINE CONSUMATE:

si possono calcolare a centinaia, per valore di milio
ni di lire (asportati: orologi, portafogli, valute,
anelli, gioielli, ecc.);

d)- FURTI:

a migliaia, per un importo di milioni di lire;

e)- BESTIAME MACELLATO:

n.31 bovini; 22 suini; 16 ovini; 565 conigli; 675 pol
li. Vennero, inoltre, asportati oltre 33.587 litri di
vino;

f)- ECCESSI VARI:

venne - in territorio di Portolongone, incendiata una
casa colonica, completamente arredata; sequestrati op
parecchi radio, macchine da scrivere, mobili vari;

g)- Il comportamento verso l'Arma fu anche deplorevole.
Sottufficiali e carabinieri percossi e derubati di por
tafogli ed orologi.

Un carabiniere deportato in Corsica,e rilasciato
soltanto dopo 10 giorni. Le caserme saccheggiate e devastate.

IL GENERALE DI CORPO D'ARMATA
COMANDANTE GENERALE
-Taddeo Orlando -

(omiss)

PRESIDENTE.

L'ordine del giorno reca lo svolgimento delle seguenti interpellanze, entrambe dirette al ministro ad *interim* del tesoro:

Rossi Maria Maddalena, Perrotti, Vigorelli, Cornia, Natoli, e Borellini Gina, "per sapere: le ragioni per le quali, a sette anni dalla fine della battaglia di Cassino, non sia stato ancora provveduto alla liquidazione delle 60 mila pratiche di pensione e di indennizzo delle donne di quella zona che subirono violenza dalle truppe marocchine della V armata; quale accoglimento sia disposto a dare alle legittime rivendicazioni delle interessate, consistenti nella pronta liquidazione delle pensioni, senza trattenuta delle modeste somme percepite da alcune nel 1944 dai governi francese e italiano per immediato soccorso, e nella concessione immediata a tutte di una indennità di cura e di medicinali e cure gratuite presso i dispensari, gli ambulatori e gli ospedali della zona; quali siano i propositi concreti del Governo nei confronti delle famiglie, dei bambini, della popolazione della zona";

Zagari, Vigorelli, Preti, Matteotti e Mandolfo, "per sapere se, dinanzi alla gravità del problema rappresentato dalle 60 mila donne, che ebbero a subire, nel corso della battaglia di Cassino, le violenze delle truppe marocchine della V armata, non ritenga necessario affrontare radicalmente ed organicamente il problema con una serie di provvedimenti atti ad indennizzare le vittime e ad arrestare le conseguenze del male, anzitutto accelerando le pratiche di pensione e di indennizzo ed inoltre concedendo a tutte le danneggiate ed ai figli di esse le indennità di cura, di medicinali e le cure gratuite presso i dispensari e ambulatori e gli ospedali della zona".

Se la Camera lo consente, lo svolgimento di queste interpellanze, concernenti lo stesso argomento, avverrà congiuntamente. (Così rimane stabilito).

L'onorevole Maria Maddalena Rossi ha facoltà di svolgere la sua interpellanza.

ROSSI MARIA MADDALENA.

Onorevoli colleghi, la questione dalla quale ha origine questa interpellanza, certamente assai penosa, non è discussa per la prima volta stasera in Parlamento. Fu già oggetto di esame, credo, in sede di Assemblea Costituente, a causa di una interrogazione presentata, se ben ricordo, dall'onorevole Persico, oggi senatore. Un'altra interrogazione fu più recentemente presentata dall'onorevole Lizzandri in questo ramo del Parlamento, ma non so se abbia o meno ricevuto risposta e, nel primo caso, se sia stata una risposta soddisfacente.

La nostra interpellanza si riferisce dunque ad uno dei drammi più angosciosi, quello delle donne che subirono le violenze delle truppe marocchine della V armata, nel periodo tra l'aprile e il giugno del 1944, dopo la rottura del fronte del Garigliano, quando queste irruppero nella zona del cassinate. Non so se sia vero quello che si dice delle truppe marocchine, cioè che il contratto d'ingaggio di questi mercenari non escluda o addirittura lo consenta il diritto al saccheggio ed alla violenza. Risulta invece che, dopo gli avvenimenti dolorosi cui ci riferiamo, comandanti ed ufficiali di queste truppe tentarono di correre ai ripari con alcuni casi di punizioni e soprattutto concedendo alle prime vittime qualche soccorso. Comunque, sia stato o meno tollerato, se non concesso, il fatto è che il saccheggio fu compiuto e le violenze ebbero luogo.

Il primo paese del cassinate che le truppe marocchine incontrarono nell'aprile 1944 e la cui popolazione, di circa 600 abitanti, non fosse sfollata fu, se non erro, Esperia. I soldati fecero irruzione nelle case, depredarono, saccheggiarono, e le violenze innominabili furono compiute su uomini e donne. Perfino il parroco fu legato ad un albero e costretto ad assistere allo spettacolo. Poi anche di lui fu compiuto tale scempio che ne morì. Del resto, a Vallecorsa, non furono risparmiate neppure le suore dell'ordine del Preziosissimo Sangue. A Castro dei Volsci dai registri del comune risultano 42 gli uomini e le donne morti in quei mesi terribili. Come e perché morirono quei 42 cittadini? Ecco alcune informazioni. Molinari Veglia, una ragazza di 17 anni, è violentata sotto gli occhi della madre e poi uccisa con una fucilata; siamo in contrada Monte Lupino, il 27 maggio 1944. Rossi Elisabetta, di circa 50 anni, è sgozzata dai marocchini perché tenta di difendere le sue due figlie, rispettivamente di 17 e 18 anni: la madre muore e le figlie sono violentate; ciò accade in contrada Farneta. Anche Margherita Molinari, di 55 anni, tenta di slvare la figlia Maria, che ne ha 21: è uccisa con cinque fucilate al ventre! Il bambino Serapiglia Remo, di cinque anni, innocente testimone dei delitti che intorno a lui si compiono, dà fastidio: perciò viene lanciato in aria e lasciato ricadere, così che morrà entro le 24 ore successive per le lesioni riportate. Pare che la madre non abbia ancora ricevuto la pensione; ha altri otto figli e il marito è disoccupato.

Ed ecco alcuni esempi di ciò che accadde a Pastena. La signora Anelli Elvira fu Giuseppe ha il braccio troncato da una scarica di mitra: essa morirà tubercolotica quattro anni dopo, ma certo le conseguenze della violenza subita nell'aprile del 1944 ne hanno affrettato la fine. Antonini Giuseppe fu Francesco viene ucciso dai marocchini in contrada Santa Croce e nessuno sa dove sia stato sepolto, perché il cadavere è portato via immediatamente dai francesi. Giuseppe Faiola fu Marco è ucciso dai marocchini in contrada Cerviso. A Vallecorsa, Luigi Mauri fu Martino muore il 26 maggio 1944 in contrada Lisano nel tentativo di difendere l'onore della moglie Lauretti Assunta e delle sue quattro figliole. Ancora a Vallecorsa Antonbenedetto Augusto fu Cesare cade il 25 maggio 44, in contrada Visano per difendere l'onore della moglie Nardoni Margherita. Cade anche Papa Vittorio di Alessandro il 25 maggio 1944, in contrada Santa Lucia, avendo osato difendere la moglie Di Girolamo Rosina di Augusto, ma prima di essere ucciso è egli stesso seviziato. Sacchetti Antonio fu Michele, Sacchetti Eugenio fu Michele, Sacchetti Eugenio fu Vincenzo, Sacchetti Gabriele di Agostino sono bastonati a sangue perché osano difendere l'onore delle rispettive mogli, sorelle, madri; alla fine si ribellano e un marocchino viene ucciso: quali rappresaglie vengano inflitte è facile immaginare.

Fatti analoghi a quelli che ho citato accadono a Pontecorvo, a Sant'Angelo, a San Giorgio a Liri, a Pignatara Intermagna, a Caccano: almeno in una trentina di paesi delle province di Frosinone e di Latina, percorse dalle truppe marocchine. Quante donne abbiano subito violenza da parte delle truppe marocchine nessuno sa con esattezza né forse si saprà mai. Quello che noi possiamo però rilevare dai dati che sono a nostra conoscenza è che in maggioranza si tratta di donne vecchie, anzi vecchissime, come quelle di Agata Baris, nata nel 1882, e come molte altre, con cui ho avuto io stessa occasione di parlare, che oggi hanno 70-75 ed anche 80 anni. L'età avrebbe dovuto costituire una difesa per queste donne, o almeno così esse ritenevano. Infatti alcune non pensarono neppure di mettersi in salvo, anzi, convinte che sarebbero state rispettate, affrontarono esse stesse i marocchini per dar tempo alle giovani di nascondersi, di scappare, di rifugiarsi su, tra le montagne. Invece furono seviziate e violentate, come per esempio quella Emanuela Valente della borgata Santangelo, che oggi conta 70 anni, che ebbe i polsi fratturati.

Molte di queste vecchie donne sono malate: si consumano lentamente a causa dell'ignobile morbo che è stato loro trasmesso dai soldati marocchini. Entrando nei loro poveri tuguri si vedono queste povere vecchie sui loro giacigli di stracci, con i bambini intorno, con i parenti che non sanno e non possono curarle; e queste vecchie parlano, raccontano quello che è loro accaduto. Le giovani no; le giovani, in generale, sono restie a parlarne, e se ne comprende bene il perché. Se per le vecchie l'insulto subito sa quasi di martirio, per le giovani significa qualche cosa di peggio della morte: significa avere di fronte a sé un lungo periodo di vita, ma una vita non ancora vissuta, ma buia e fredda, in cui non c'è più alcuno spiraglio, alcuna speranza, alcuna luce; perduta la possibilità di avere una famiglia, di avere dei figli; perfino il lavoro è precluso a queste giovani, e la povertà nel loro caso è ancora più tragica, perché il benessere economico, il lavoro potrebbero almeno aiutarle in parte ad uscire da questo terribile isolamento in cui le ha gettate la loro disgrazia. Le cure, il lavoro, l'occupazione potrebbero essere fonte di una ricompensa morale, oltreché materiale, per la loro vita distrutta. Nessuna pensione di guerra potrà mai risarcire né vecchie né giovani per ciò che hanno subito, nessun indennizzo potrà mai ricompensarle di ciò che hanno perduto. Né tutte certamente hanno chiesto indennizzo o pensione. Nel cassinate e nel sorano sarebbero, almeno secondo quanto ci fu riferito, oltre dodicimila le domande presentate. Dodicimila donne in questa zona avrebbero, dunque, subito violenza da parte delle truppe marocchine e sarebbero state contagiate. Le domande risalgono al 1944, 1945 e 1946.

Come è noto, alcune di esse, nel 1944, ricevettero dal governo francese somme varianti da 30 a 150 mila lire per soccorso immediato. I libretti di pensione ricevuti successivamente, in qualità di vittime civili della guerra, darebbero loro diritto, essendo assegnate alla settima ed all'ottava categoria, a somme varianti da 1.400 circa a 3.000 lire al mese. Però, in base alle vigenti disposizioni di legge, il cumulo dell'indennizzo e della pensione non è consentito e perciò i libretti ricevuti non danno, in pratica, e non daranno per molto tempo e in alcuni casi mai, diritto ad alcuna riscossione di denaro. Anzi vi è chi ha recentemente ricevuto il libretto e, a conti fatti, dovrebbe restituire al Governo parte della somma ricevuta nel 1944. Il 1° agosto 1947, quando i francesi lasciarono l'Italia, mi sembra che essi fossero tenuti a completare l'opera di soccorso immediato, e che affidassero al Governo italiano l'incarico di prelevare quanto era necessario dalle somme da questo dovute al Governo francese. Se oggi guardiamo alla realtà della situazione, appare invece che la maggior parte di queste vittime non ha ricevuto che somme inadeguate e molte addirittura nulla: né soccorso immediato né pensione. Pare che soprattutto tra coloro che hanno presentato la domanda dopo il 1946, una buona parte, non abbia ancora ricevuto nulla.

Presso l'intendenza di finanza di Frosinone, se sono esatte le mie informazioni, sarebbero state presentate 47 mila richieste di risarcimento variamente motivate e 13 mila sarebbero giacenti presso il Ministero del Tesoro: 60 mila in tutto sarebbero dunque le domande ancora inevase avanzate per risarcimento, in parte per atti di violenza carnale e in parte per uccisioni, mutilazioni, furti, incendi, ecc. ecc.

Attualmente, dunque, questa sarebbe la situazione per quanto riguarda le pratiche richiedenti pensione o risarcimento per danni vari.

Però, in ogni caso, indennizzo o no, libretto di pensione o no, quello che è certo è che i libretti di pensione non daranno, ripeto, diritto a percepire denaro in base alle leggi vigenti, anche quando sono stati concessi, se fu percepito qualcosa nel 1944; oppure la pensione durerà, appunto come prevedono le leggi vigenti, fino alla scomparsa dell'infermità fisica contratta, dopo di che queste sventurate non avranno più diritto a nulla.

E per quanto riguarda l'assistenza, le cure sanitarie, quale è la situazione?

Oggi come oggi pare vi sia in tutta la zona un solo reparto dermosifilopatico ospedaliero, a Pontecorvo, nel quale le contagiate abbiano diritto di essere ricoverate; e questo reparto, se non erro, è costituito da sei letti. E' vero (come ha affermato recentemente il prefetto di Frosinone ad una delegazione di donne) che a suo tempo furono date disposizioni ai medici condotti perché prestino gratuitamente le loro cure e prescrivano medicinali alla malate, ma che cosa avviene nella realtà? Avviene che ciò non si realizza o si realizza in modo inadeguato, perché i medici condotti sono raramente in grado, per motivi vari, di curarle adeguatamente.

Fino dal primo marzo 1949 una commissione composta dai sindaci dei paesi interessati, da rappresentanti di organizzazioni e di partiti si recò dal sottosegretario Andreotti a sollecitare l'interessamento del Governo. Nel giugno 1951, al convegno per la rinascita del cassinate, a cui partecipò anche l'onorevole Di Vittorio, fu constatato che la situazione non era sostanzialmente migliorata, e fu chiesta la solidarietà di tutte le organizzazioni popolari, di tutti i lavoratori, per ottenere dal Governo provvedimenti concreti.

Infine, a Pontecorvo il 14 ottobre scorso ebbe luogo un singolare convegno, mi si consenta di dirlo, davvero singolare. Non so se sia vero che vi fu da parte del ministro degli interni o di qualche suo altro zelante prefetto il tentativo di impedirlo per ragioni di 'carattere morale', perché questo convegno avrebbe offeso la pubblica moralità.

Ad ogni modo il convegno, anche per l'intervento di alcuni parlamentari presso il Ministero, ebbe luogo, e vi parteciparono le rappresentanti delle 60 mila donne che a suo tempo hanno presentato domande in qualità di vittime civili della guerra, motivate da violenze e danni di vario tipo. Erano 500 delegate. Io ho partecipato a questo convegno e ho visto le 500 contadine venute dai villaggi e dai paesi della piana e delle montagne circostanti.

Molte avevano camminato per ore e ore a piedi per arrivare in tempo a Pontecorvo, e non avevano certo mai partecipato in vita loro ad una riunione né tanto meno parlato da una tribuna. Né, credo, queste contadine, queste montanare, che ricordano ancora coi loro costumi le ciociare di un tempo, così ritrose e fiere, avrebbero mai voluto parlare addirittura in un convegno di fronte a tutti della loro mostruosa disgrazia. Invece sono state costrette a fare così. E con quale serietà esse hanno esposto i loro casi dolorosi!

E con quanta pietà anche i rappresentanti delle autorità -quei rappresentanti della autorità costituite, che avrebbero dovuto impedire quel convegno- hanno finito, anche essi, per ascoltare ciò che queste donne hanno detto!

Che cosa fu chiesto in quel convegno? Ecco:

1°) il sollecito disbrigo delle pratiche giacenti presso l'intendenza di finanza di Frosinone per l'assegnazione delle pensioni, e, in attesa, il pagamento di un indennizzo, di un assegno di cura, da non trattenersi sulla pensione;

2°) la liquidazione degli arretrati di pensione, considerando le somme pagate dal governo francese e da quello italiano come indennità straordinaria, da non trattenersi sulla pensione;

3°) un assegno di cura (quello che oggi mi pare sia riservato, fra le vittime di guerra, ai soli tubercolotici) per impedire efficacemente il diffondersi delle malattie contagiose, derivanti dalle violenze subite (male che, come l'onorevole sottosegretario sa, purtroppo si ripercuote gravemente sulle condizioni dei bambini);

4°) medicine e cure gratuite presso tutti gli ospedali ed ambulatori della zona e da parte dei medici condotti per tutte le donne vittime civili di guerra che abbiano il libretto di pensione o che abbiano in corso una pratica di pensione;

5°) creazione di un centro per la lotta contro le malattie contratte in seguito alle sevizie dei marocchini o conseguentemente diffuse, con funzionamento analogo a quello del centro antimalarico esistente nella zona;

6°) visita immediata ed obbligatoria per tutti i bambini appartenenti alle famiglie delle 'marocchinate' ed adozione, naturalmente, dei provvedimenti del caso;

7°) che i parenti di primo grado dei trucidati dai marocchini, a tutti gli effetti, siano considerati alla stessa stregua dei parenti dei morti in combattimento.

Ciò che in quel convegno non fu detta ma che era nella mente di tutti era che, in casi di questo genere, non è possibile parlare, non è possibile parlare di riparazione, di risarcimento. Anche se il Governo concedesse tutto quanto allora fu chiesto, anche se il governo provvedesse immediatamente al disbrigo di tutte le pratiche di pensione presentate, anche se tutte queste donne fossero riconosciute come vittime civili di guerra, ciò non basterebbe ancora. La infermità contratta da queste donne non è solo quella che può essere guarita con un anno o due di cure; è una infermità che esse porteranno per tutta la vita.

E perciò noi diciamo stasera al Governo: applicate pure le leggi vigenti, finora non applicate o non sufficientemente applicate; ma studiate anche provvedimenti speciali per questa mutilazione orrenda che la guerra ha causato, studiate qualcosa di diverso per questo male diverso da tutti quelli, pure gravi, che la guerra ci ha lasciato da curare. Provvedete a concedere alle donne violentate dai marocchini uno speciale assegno vitalizio, oppure un assegno una tantum, ma adeguato alla pietà che queste innocenti ci ispirano. Pensate alle giovani, alle ragazze, alla tragedia dei bambini, molti dei quali sono già condannati al disfacimento intimo e morale, sono condannati cioè a qualcosa che è peggiore delle peggiori condizioni di denutrizione e di abbandono, pur così tristi, di tanti bambini del nostro paese, soprattutto in molte località del Mezzogiorno e del delta padano. Soffermate il vostro pensiero su queste vittime della guerra, voi che concedete il vostro appoggio a coloro che preparano una nuova guerra. So che vi è chi si finge scandalizzato perché noi prendiamo nel Parlamento e nel paese la difesa di queste donne. Credo piuttosto che ci si debba scandalizzare perché fra noi vi è chi vorrebbe coprire questa piaga, questo delitto orrendo che fu commesso contro donne inermi, contro giovinette, con un velo di silenzio, fidando nel fatto che esse vivono lontane dalle grandi città, in villaggi sperduti. Di quei villaggi però conoscono assai bene la strada truffatori e lestofanti che, indisturbati, vanno a proporre contratti di assicurazione che risultano veri e propri furti o a promettere commendatizie per il disbrigo della pratica di pensione, e si fanno consegnare le poche decine di lire, frutto di dure fatiche.

Date una sistemazione adeguata a queste infelici. Ve lo chiediamo come lo chiederemmo per qualsiasi innocente vittima di guerra, ma in più con la convinzione che queste meritino speciale attenzione ed aiuto dal Governo. E infine, proprio perché questo Governo stanzia somme ingenti per i suoi programmi di riarmo, dimostri almeno di voler provvedere alle vittime più dolorose della guerra che si è appena conclusa. Non costringetele a riunirsi ancora una volta, ad esporre le loro miserie, ad accusarvi in pubblico. Dimostrate di essere animati da un senso di umanità, se non sapete che sia amore per la pace. (Applausi alla estrema sinistra)

PRESIDENTE.
L'onorevole Preti, cofirmatario della interpellanza Zagari, ha facoltà di svolgerla.

PRETI.
In assenza dell'onorevole Zagari, che è il primo firmatario di questa interpellanza, aggiungerò poche parole, dopo l'illustrazione fatta dalla onorevole Maria Maddalena Rossi.

La onorevole Rossi, all'inizio del suo intervento ha lasciato quasi credere che abbia potuto essere tacitamente riconosciuto nel 1944 alle truppe marocchine il diritto di saccheggio e di violenza ai danni degli italiani. Io direi che questo va escluso senz'altro.

Tuttavia, è certo che questo è uno dei casi più dolorosi della guerra; uno di quei casi che è meglio dimenticare. Purtroppo tutte le guerre, ad onta del progresso della civiltà, provocano dolorose tragedie, nelle quali vengono dimenticati e calpestati elementari diritti e valori umani.

Oggi siamo di fronte a donne gravemente contagiate, rovinate materialmente oltre che moralmente; e lo Stato avrebbe dovuto fare il suo dovere nei confronti di queste disgraziate. Purtroppo si deve constatare che lo Stato non ha fatto tutto quello che poteva fare. Come ha ben detto la onorevole Rossi Maria Maddalena, le pratiche di pensione di queste donne cosiddette 'marocchinate' languono. Non sembra infatti che gli organi competenti se la prendono molto calda, come si suol dire. Inoltre, vi è anche la dolorosa prospettiva per queste povere donne, che le pratiche di pensione finiscano praticamente nel nulla. Si teme che magari per qualche anno possa essere corrisposto loro un assegno e che poi tutto abbia fine. E' vero anche che le cure predisposte a favore delle donne contagiate di questa zona sono del tutto insufficienti.

Noi riteniamo che il Governo dovrebbe subito provvedere a corrispondere a queste donne le pensioni, indipendentemente da quello che può essere stato dato loro come indennizzo, subito dopo la guerra, o dal governo francese o dalle autorità italiane. In secondo luogo, a coteste disgraziate i medicinali e tutte le altre cure sanitarie dovrebbero essere forniti gratuitamente. In altri termini, dovrebbero essere disposte tutte le misure atte a dimostrare che il Governo si è reso effettivamente conto della gravità della tragedia che ha colpito queste donne. Qui non si tratta solo di chiedere al Governo di fare il suo dovere, applicando la legge vigente. Si tratta di studiare un complesso di norme speciali, desinate effettivamente ad aiutare queste sventurate. E' necessario che il Governo dimostri che la collettività nazionale ha fatto tutto il possibile per riparare nel migliore dei modi.

PRESIDENTE.
L'onorevole sottosegretario di Stato per il tesoro ha facoltà di rispondere.

TESSITORI. Sottosegretario di Stato per il tesoro.
Risponderò brevemente e, spero, esaurientemente.

Il problema, indubbiamente, suscita reazioni sentimentali vastissime. Non vi è alcuno che non possa o non debba deplorare i fatti dolorosi che sono avvenuti nella zona di Cassino; ma essi, dal punto di vista giuridico-legislativo, si inquadrano, e debbono inquadrarsi in determinate norme che il potere esecutivo è chiamato ad attuare. Perché, se è vero che la giovane ha subito lo strazio -così come la onorevole Rossi ha descritto, e come purtroppo tutti noi sapevamo, dato che i fatti ormai appartengono alla storia- è colpita per tutta la vita irreparabilmente ed insanabilmente (come avviene del resto per ogni giovane che subisca violenza anche in tempo di pace), è altrettanto vero che anche la madre o la sposa che hanno perduto il loro figliolo o il marito in guerra sono amareggiate da un dolore che nessun risarcimento, nessun trattamento economico sarà mai in grado di sanare: non è valutabile con la misura della monet il dolore umano.
Ma, purtroppo, noi siamo chiamati a valutare il fenomeno umano con la freddezza con cui i legislatori sono costretti a valutarlo. Del resto, quando il giudice è chiamato a decidere la misura del risarcimento del danno, che deve essere versato da colui che ha investito con la sua automobile una persona, qualunque possa essere la cifra per il risarcimento, essa non esaurirà mai quello che è il dolore del padre e della madre. Per cui io vorrei che le coloriture di carattere morale e sentimentale non ci distogliessero da quella che è la realtà, cioè la valutazione giuridica e legislativa del fatto.
Il problema ha tre aspetti: il primo attiene ai cosiddetti indennizzi che sono stati versati, alle donne che furono vittime di violenze da parte delle truppe di colore; il secondo riguarda il trattamento di pensione, e il terzo è quello relativo all'aspetto igienico-sanitario.
Circa il primo punto, non possiamo dimenticare che esiste la legge 9 gennaio 1951, n. 10, che detta norme in materia di indennizzi per danni arrecati con azioni non di combattimento, e per requisizioni disposte dalle forze armate alleate.
L'articolo 2 di questa legge rigurada la nostra ipotesi, e stabilisce che l'indennità viene liquidata avuto riguardo ai danni, immediati e diretti, causati da atti non di combattimento, dolosi o colposi -e qui siamo sul piano dell'atto doloso- dalle forze armate alleate, secondo i criteri stabiliti per gli infortuni sul lavoro. Inoltre, il citato articolo dice che la liquidazione avviene con i criteri del regio decreto-legge 17 agosto 1935, e successive modificazioni.
In totale, le domande con richiesta di indennizzo furono 17.368, per un importo complessivo di danni pari a lire 654.680.782. Di queste domande, dall'amministrazione centrale ne sono state trattate 9.492; però sono le domande che comportavano un indennizzo maggiore, che rappresentavano i fatti più gravi,

dato che furono concessi indennizzi per lire 508.771.740.

ROSSI MARIA MADDALENA.
In quale epoca?

TESSITORI. Sottosegretario di Stato per il tesoro.
Fino a tutto il 1951.

ROSSI MARIA MADDALENA.
Quelli del 1944 sono i risarcimenti concessi dal governo francese.

TESSITORI. Sottosegretario di Stato per il tesoro.
Esamineremo poi l'intervento del governo francese.
Al Governo italiano, dunque, pervennero 17.386 domande di indennizzo ai sensi questa legge e per la somma che ho già citato, che fu in gran parte liquidata. Le restanti domande, trattandosi di casi minori e quindi anche di importi minori, furono trasmesse all'intendenza di finanza di Frosinone, per un complessivo importo di lire 145.149.042. Da quanto risulta, l'intendenza sta procedendo all'istruttoria ed alla liquidazione. Intanto venivano presentate domande alla direzione generale per le pensioni di guerra, rientrando il caso nell'infortunio civile per evento bellico.
Le domande, a tutto il 1951, furono 7.639. Di esse ne sono state definite, fino a tutto il dicembre 1951, 2860 e sono in corso di definizione 4.769. Sono tutte domande pervenute di recente (durante il 1951 ne arrivarono circa 3 mila); Il ritardi nella presentazione delle domande di pensione si spiega, probabilmente, con la ritrosia che taluna possa aver avuto nell'esporre il proprio caso, per ragioni evidenti, o perché quelle infelici ritenessero che il loro diritto si fosse esaurito con il pagamento dell'indennizzo una tantum. Fatto sta che alla direzione generale per le pensioni di guerra le domande delle donne che subirono codesto affronto pervennero relativamente in tempo molto recente, e soprattutto quando si seppe che il pagamento dell'indennizzo una tantum non escludeva il diritto al trattamento di pensione. Ora le domande di pensione debbono essere istruite, come richiede la legge: bisogna accertare la veridicità del fatto, bisogna stabilire quali conseguenze il fatto stesso abbia lasciato, al fine di determinare quale trattamento pensionistico debba essere praticato a colei che domanda la pensione, ed inoltre bisogna verificare, una volta liquidata la pensione di guerra, quale sia l'importo dell'indennizzo ricevuto e a quale titolo. Perché anche qui interviene la legge che ho già citato, precisamente l'articolo 3, in forza del quale l'indennità per i danni di cui alle lettere d) e c) del primo comma dell'articolo 1 non è cumulabile con altro indennizzo né beneficio di qualsiasi natura eventualmente spettante per lo stesso fatto, a carico dello Stato. E' lo stesso caso di chi, investito da automezzo alleato, abbia domandato indennizzo e contemporaneamente abbia chiesto anche la pensione; ottenuta questa, quella qualsiasi somma che gli sia stata liquidata

come indennizzo una tantum gli deve essere realmente trattenuta, perché l'articolo 3 della legge 9 gennaio 1951, n. 10 così prescrive. E la legge 10 agosto 1950, n. 548, attualmente in vigore per la liquidazione delle pensioni di guerra, non è stata modificata dalla legge del 1951, che essendo successiva è, a fortiori, la legge che deve essere applicata. Perciò non si tratta di indennizzi versati a titolo di soccorso immediato, ma degli indennizzi veri e propri, sempre che siano a carico dello Stato italiano, che non possono non essere recuperati finché la legislazione resta quella che è; ripeto che la legge che impone questo obbligo del recupero, sia pure graduale, delle somme ricevute è dell'anno scorso.

Ora, per quanto attiene al disbrigo delle pratiche di pensione, posso dare assicurazione che, compatibilmente, coi mezzi a disposizione dell'amministrazione, esse sono ritenute in particolare rilievo ed hanno, finché è possibile, precedenza dopo esaurita l'istruttoria necessaria.

Rimane il terzo punto, quello già relativo alle misure di natura igienico sanitaria che sono state rese e che dovrebbero essere prese. Rilevo in primo luogo un fatto che risulta dalle cifre che ho indicato e cioè che non si può parlare di 60 mila donne che abbiano subito violenza: non si arriva nemmeno a 20.000. Una delle due, infatti: o ci dobbiamo attenere alle domande di pensione e di indennizzo che sono state presentate, o dobbiamo supporre che circa due terzi delle violentate, anzi più di due terzi, non abbiano creduto di farsi vive.

Detto questo, come dato incontrovertibile in possesso dell'amministrazione centrale, passiamo all'aspetto igienico sanitario. Ho qui i dati, in riassunto, forniti dall'Alto Commissariato per l'igiene e la sanità, trattandosi di cose che riguarda la sua competenza. Si fa presente che fin dal 1944, non appena cioè pervennero notizie dalle zone funestate dalle truppe marocchine, fu fatta l'inchiesta ed inviata in provincia di Frosinone un autotreno completamente attrezzato per l'assistenza nei luoghi colpiti e privi di possibilità di comunicazione.

Vennero così dislocati 40 armadi farmaceutici nei comuni rimasti senza farmacia, forniti di preparati antileutici, antimalarici, antiscabbiosi, disinfettanti e vaccino antitifico. In ogni comune le vittime dei marocchini furono visitate da uno specialista. E' da notare che molte di esse furono anche ricercate sulle montagne e nei campi. Il servizio democeltico fu incrementato. Un sanitario esperto in dermosifilopatia venne incaricato di provvedere all'istituzione di ambulatori e di assicurare uno speciale servizio di assistenza e di profilassi.

Con l'adozione di questi provvedimenti, i comuni della provincia di Frosinone maggiormente colpiti furono visitati almeno due volte la settimana. Le donne contagiate, secondo le condizioni sanitarie di ciascuna di esse, furono ricoverate, a completo carico dello Stato, in vari ospedali e curate ambulatorialmente con somministrazione completamente gratuita di medicinali; vennero anche elargiti sussidi in denaro.

Senonché, nonostante il complesso di tali provvidenze, attuate fra non lievi difficoltà e attraverso un'opera di persuasione nei confronti delle contagiate, nel 1946 si verificò una recrudescenza nella diffusione di malattie veneree, specialmente di endometriti blenorragiche, in qualche comune della valla del Liri e soprattutto ad Esperia. Ciò ebbe ad attribuirsi al fatto che varie donne violentate, per spiegabili motivi di riservatezza e di pudore, non si presentarono tempestivamente alla visita medica, mentre altre decisero di sottoporsi alle cura sanitaria solo dopo l'aggravamento della malattia. Inoltre, il ritorno di vari sinistrati e dei reduci contribuì alla diffusione (come avvenne in altre parti d'Italia, e come del resto è sempre avvenuto) di casi di malattie veneree, che almeno in parte sono da ritenersi indipendenti dai fatti del 1944.

L'Alto Commissariato per l'igiene e la sanità, preoccupato di questo fenomeno di recrudescenza di malattie veneree e per attuare a fondo una azione profilattica ed assistenziale in tutta la provincia di Frosinone, inviò sul posto un proprio ispettore dermosifilografo, docente presso l'università di Roma, col preciso incarico di colmare ogni deficienza rilevata nei servizi e di adottare i provvedimenti necessari con larghezza di mezzi. Questa iniziativa diede risultati notevoli. Infatti, alla fine del 1947, in tutta la provincia di Frosinone, vennero riscontrate solo 42 donne affette da sifilide e, di esse, solo due con manifestazione contagiosa in atto; 217 donne, invece, furono trovate affette da endometrite blenorragica. Essendo infine risultato che degli elementi del luogo, certo con intenti non eccessivamente morali, volevano matenere sempre viva l'agitazione, evidentemente allo scopo di poter continuare ad ottenere aiuti in danaro, nel giugno del 1950 l'Alto Commissariato, per risolvere il problema sanitario e scinderlo dal problema del trattamento economico, ritenne di compilare per ciascuna delle donne assistite una cartella clinica, corredata da accurate indagini sierologiche per la lue, e completata in tutte le parti.

Questa indagine, praticata con scrupolo e a distanza di anni dal fatto, ha rivelato in modo definitivo (secondo gli accertamenti eseguiti dall'Alto Commissariato) una infezione rimasta ignorata, o ha escluso un presunto contagio.

Infatti alla fine del 1950, solo tre donne in tutta la provincia avevano chiesto il ricovero, e tutte e tre vennero riscontrate sane. Quindi, è accertato ormai, attraverso tutte queste indagini e attraverso tutti questi controlli eseguiti in loco, che le vittime delle truppe marocchine non hanno più bisogno di una particolare assistenza sanitaria. Perciò io non posso escludere che se si eleva rimprovero al Governo di non aver attuato tutto ciò che era umanamente possibile nel settore igienico sanitario, il rimprovero non ha fondamento nella verità e realtà dei fatti; se lo si rimprovera e lo si critica per quanto attiene invece all'aspetto economico del problema, il Governo ha fornito le cifre, che sono tali per cui la conclusione non penso possa essere di critica.

Ho già detto che le leggi sono quelle che sono, che non credo si possa in questa sede e in questo momento nemmeno delineare largamente quali potrebbero essere le modificazioni, se modificazioni sono necessarie, quali potrebbero essere i lineamenti di una modificazione della legislazione esistente in questa materia. Comunque, se di modificazione si dovrà parlare, ne discuteremo in altra sede e se ci dovrà essere una modificazione non penso che gli argomenti che stanno al fondo delle tesi portate dalla onorevole Rossi possano essere di per sé sufficienti per una modificazione legislativa, soprattutto perché gli stessi argomenti potrebbero essere prospettati a favore di altre categorie di vittime civili.

ROSSI MARIA MADDALENA.
Come si vede che ella non è una donna!

TESSITORI. Sottosegretario di Stato per il tesoro.
Ella prospetta un problema di modificazione sostanziale del sistema pensionistico, che da pochissimi mesi il Parlamento italiano ha approvato, approvandone quindi anche quelli che sono i presupposti giuridici e le ragioni politiche. E pertanto la mia risposta non poteva essere diversa.

PRESIDENTE.
L'onorevole Rossi Maria Maddalena ha facoltà di dichiarare se sia soddisfatta.

ROSSI MARIA MADDALENA.
Risponderò molto brevemente all'onorevole sottosegretario. Anzitutto vorrei, se mi permette, rivolgergli una domanda: come mai queste donne scendono dalle loro montagne a centinaia, si riuniscono a convegno, oppure si recano in delegazione presso i sindaci, i prefetti, mandano addirittura delegazioni a Roma per chiedere il disbrigo delle pratiche di pensione, per lamentare che, ricevuto il libretto di pensione, non percepiscono un soldo, per reclamare medicinali a cure?
Io mi domando come mai, se è vero ciò che afferma il rapporto dell'Alto Commissariato per l'igiene e la sanità, cioè che nella provincia di Frosinone soltanto tre donne in un anno hanno chiesto il ricovero in ospedale ed è risultato poi che queste tre donne non sono nemmeno contagiate, come mai allora centinaia di donne si riuniscono per gridare il loro orrore per il male che le ha colpite, per invocare l'assistenza medica? E' veramente un mistero. Ad ogni modo, poiché noi non possiamo dimenticare il loro grido, né ciò che apprendemmo quando ci incontrammo con queste donne nella loro provincia, nei loro villaggi, penso che non ci resti che una sola cosa da fare: riferire a queste donne le parole dell'onorevole sottosegretario, ricercare in ogni villaggio, in ogni piccolo comune coloro che hanno presentato la domanda di indennizzo, di pensione e riferire loro che, secondo l'onorevole sottosegretario, tutti o quasi tutti sono stati soddisfatti e non hanno altro da chiedere. Non resterà dunque che cercare le migliaia di infelici che subirono la peggiore delle violenze e dimostrare loro, con le parole dell'onorevole Tessitori e del Governo, che la loro situazione è ormai regolata e che soltanto una piccola minoranza non ha ancora ricevuto quella che le spetta.
Me permetto però di dubitare dei dati ottimistici che sono stati sottoposti all'onorevole sottosegretario a proposito delle guarigioni delle contagiate. Ho visto con i miei occhi centinaia di donne malatissime, raccapriccianti a guardarle, tanto che c'era da chiedersi come mai possano continuare a vivere in quello

stato. Ho visto bambini macilenti e deformi, diversi da tutti gli altri, più miseri, delle zone più povere del paese.

E quanto alle pratiche di pensione, se all'onorevole sottosegretario risulta che tutto va bene e che tutto ciò che doveva essere fatto è stato, a noi risulta che non è così.

Ma su un altro aspetto del problema io voglio solo per qualche minuto soffermarmi. L'onorevole sottosegretario non ha voluto - almeno così ho compreso - impegnarsi per alcuna modificazione della legge vigente. Egli afferma che non vede la necessità nemmeno di delineare quale potrebbe essere una modificazione della legge vigente, di cui noi conosciamo bene i limiti. Ora, se l'onorevole sottosegretario ritiene che le sevizie inflitte a queste donne dalle truppe marocchine siano in qualche modo paragonabili a qualsiasi altra sventura che la guerra può arrecare, per grande che essa sia (e lo dico avendo qui accanto a me un collega che ha avuto la sventura di perdere il proprio figlio in guerra), se crede che questa sventura sia paragonabile a qualsiasi altro lutto o dolore di cui la guerra sia causa, mostra di non avere un briciolo di sensibilità, mostra di non sapersi nemmeno soffermare un momento a considerare il fatto che il caso e non altro ha voluto che ueste donne e non quelle della sua famiglia, quelle che gli sono più care, avessero a subire questa dura sorte. Voi pensate che la vita di queste donne sarebbe colpita nella stessa misura se esse avessero perduto uno dei loro cari in guerra? No, non è la stessa cosa. Noi conosciamo le madri che hanno perso i figli, le mogli che hanno perso i mariti: noi le amiamo, le onoriamo, manifestiamo loro la nostra intera solidarietà, sì che esse trovano qualche volta una sorta di conforto nel sapere che il loro lutto è condiviso, che la memoria dei loro cari scomparsi è sacra a milioni di cittadini. Ma queste donne no! Per queste non c'è conforto possibile. Si devono nascondere, come se si sentissero infette anche moralmente. A queste donne si vorrebbe vietare di parlare della loro sventura, di riunirsi, di reclamare, in nome della pubblica moralità! Inoltre, ella ha confrontato questa sventura a quella di una persona che perde un congiunto in una disgrazia automobilistica o non so che altre. Onorevole sottosegretario, se mi permette, questo non lo doveva dire. Non si deve confrontare questa sventura con altre, piccole o grandi che siano, né tantomeno collocarla nella categoria degli 'incidenti'. Altrimenti non basta più parlare di insensibilità, perché si tratterebbe di cinismo. Ella non ha voluto impegnarsi a proposito di modificazioni da apportare alla legge per questo caso che è diverso per qualsiasi altro. Ed è chiaro che non ha voluto impegnarsi proprio perché non trova questa violenza più orrenda e ripugnante di qualsiasi altra violenza che la guerra può recare con sé.

Ebbene, se il Governo non vorrà prendere in considerazione questa nostra proposta, presenteremo noi una proposta di legge che preveda un trattamento speciale, diverso dagli altri, per queste vittime, che sono vittime diverse dalle altre. Il paese giudicherà, dirà se noi abbiamo fatto bene, o se abbiamo fatto male. Dirà se abbiamo mostrato maggiore o minore sensibilità, maggiore o minore senso democratico e cristiano di quello dimostrato dai membri del Governo.

PRESIDENTE.
L'onorevole Preti ha facoltà di dichiarare se sia soddisfatto.

PRETI.
La collega Rossi è stata forse eccessivamente severa nei confronti dell'onorevole sottosegretario; ma anch'io penso che la risposta non possa ritenersi del tutto soddisfacente, anche se non si può disconoscere che dal punto di vista formale essa è esauriente. Tra l'altro il sottosegretario ci ha fornito dei dati che francamente noi non conoscevamo, e che dimostrano inesatte parte delle informazioni che ci erano pervenute. Ma ciò non toglie che l'onorevole sottosegretario pecchi di eccessivo formalismo. In fondo il Governo, per bocca sua, si è limitato a dire che le leggi esistenti sono state applicate, e che allo Stato, conseguentemente, non può essere fatta nessuna colpa.

Onorevole Tessitori, ella è persona molto sensibile, che svolge il suo delicato compito con non comune dedizione: come tale ella non può limitarsi alla risposta del tutto burocratica che ci ha fornito. Può darsi che nelle lamentele pervenute a noi ed a lei vi siano delle esagerazioni; però qualche cosa di reale deve pur esserci. Ella, occupato come è, probabilmente non ha ancora avuto il tempo di interessarsi a fondo della questione. Ecco, io le chiedo proprio di fare un approfondito esame, soprattutto sul piano umano. Se ella lo farà, forse giungerà a conclusioni diverse da quelle a cui è giunto stasera; forse ella si convincerà che, per quanto le leggi esistenti siano state applicate dal Governo non possa essere attribuita colpa alcuna, tuttavia vale la pena di fare qualche cosa di più per la risoluzione di questo problema, in modo anche che nessuno di noi abbia più necessità di portarlo alla Camera e di scriverne sui giornali

.

PRESIDENTE.
Lo svolgimento delle rimanenti interpellanze all'ordine del giorno è rinviato ad altra seduta, su richiesta del Governo.

IL VERO ED IL FALSO PROCLAMA DI ALPHONSE JUIN.

Ci sembra utile riportare ponendoli a confronto i testi dell'autentico ordine del giorno (proclama) di Alphonse Juin, emesso alla vigilia dell'offensiva contro la linea Gustav e quello apocrifo a lui attribuito, in due differenti versioni.

Ecco il testo dell'odg (in francese) del generale Juin alle truppe, emanato l'11 maggio 1944:

Combattants français de l'armée d'Italie, une grande bataille, dont le sort peut hâter la victoire définitive et la libération de notre patrie, s'engage aujourd'hui.

La lutte sera générale, implacable, et poursuivie avec la dernière énergie. Appelés à l'honneur d'y porter nos couleurs, vous vaincrez, comme vous avez déjà vaincu en pensant à la France martyre qui vous attend et vous regarde.

En avant[128]!

Il testo del proclama falsificato e diffuso (solo in italiano) nel dopoguerra, ancor oggi incredibilmente considerato autentico da troppi dilettanti di storia e che prometteva le celebri cinquanta ore di libertà assoluta, esistite solo nella leggenda:

Soldati! Questa volta non è solo la libertà delle vostre terre che vi offro se vincerete questa battaglia. Alle spalle del nemico vi sono donne, case, c'è un vino tra i migliori del mondo, c'è dell'oro. Tutto ciò sarà vostro se vincerete. Dovrete uccidere i tedeschi fino all'ultimo uomo e passare ad ogni costo. Quello che vi ho detto è promesso e mantengo. Per cinquanta ore sarete i padroni assoluti di ciò che troverete al di là del nemico. Nessuno vi punirà per ciò che farete, nessuno vi chiederà conto di ciò che prenderete.

Va detto che dell'ordine del giorno falsamenteattribuito a Juin esistono diverse versioni che non sempre concordano tra loro. Eccone un esempio, ancora più brutale del precedente, ed altrettanto fasullo:

Il vostro generale vi annuncia, vi promette solennemente, vi giura, sul suo onore di soldato e sulla bandiera di Francia, che si alza, per l'ultima volta, il sole sulle vostre sofferenze, sulle vostre privazioni, sulla vostra fame. Oltre quei monti, oltre quei nemici che stanotte ucciderete, c'è una terra larga, ricca di donne, di vino, di case. Se voi riuscirete a passare oltre quella linea senza lasciare vivo un solo nemico, il vostro generale vi promette, vi giura, vi proclama che quelle donne, quelle case, quel vino, tutto quello che troverete sarà vostro, a vostro piacimento e volontà. Per 50 ore. E potrete avere tutto, prendere tutto, distruggere o portare via, se avrete vinto, se ve lo sarete meritato.

---

[128]Combattenti francesi dell'Armata d'Italia, una grande battaglia, la cui sorte può segnare la vittoria definitiva e la liberazione della nostra patria, comincia oggi.

La lotta sarà generale, implacabile, e portata avanti con l'ultima energia. Chiamati all'onore di portare i nostri colori, voi vincerete, come già avete vinto pensando alla Francia martire che vi attende e vi guarda.

In avanti!

CARTINE ED ILLUSTRAZIONI[129].

Un *Goum* accampato, Basso Lazio, maggio 1944

[129]Tutte le fotografie pubblicate sono di provenienza ECPAD, Paris, Musee de l'Armée, Paris, National Archives and Record Administration, College Park, Maryland, Imperial War Museum, London e wikipediacommons (fot.gen. Guillaume), e sono di pubblico dominio. L'A. resta tuttavia a disposizione di eventuali aventi diritto.

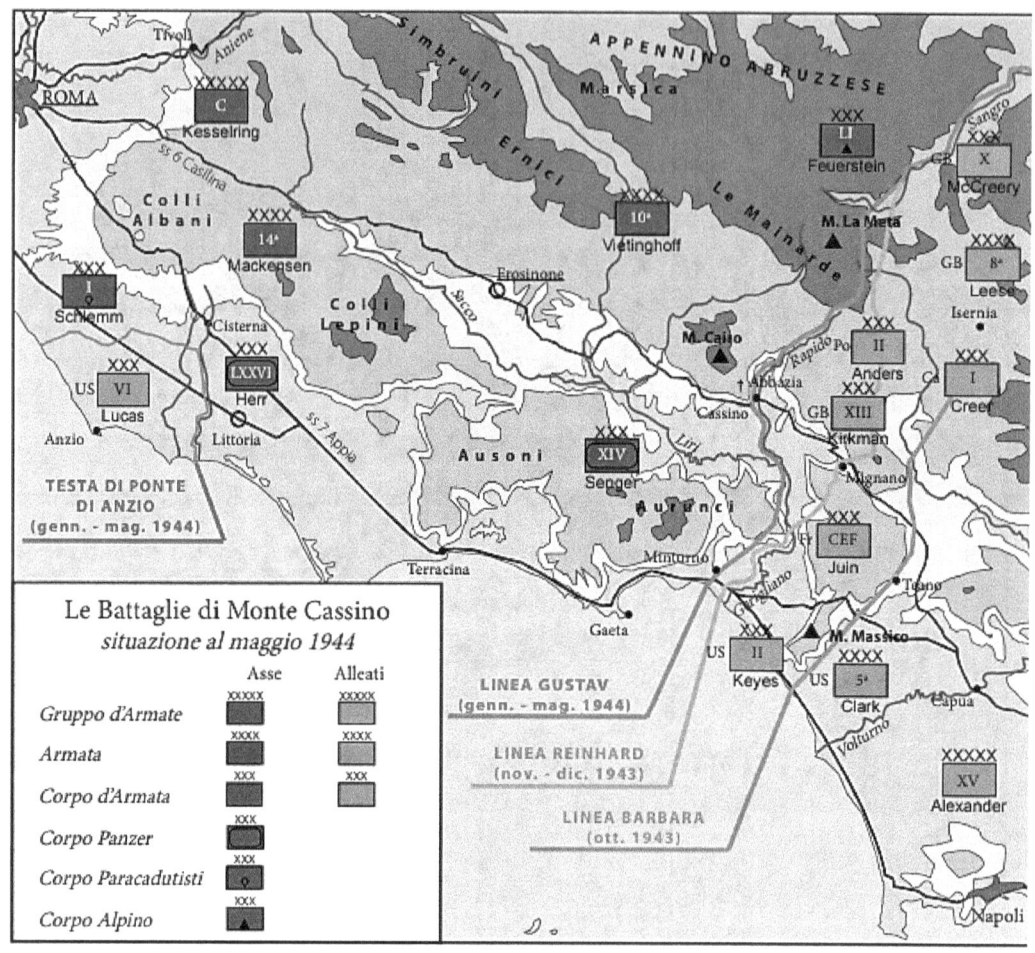

Le battaglie di Monte Cassino, situazione al maggio 1944
(cartina di E. Mastrangelo, da P. Romeo di Colloredo, *Am Arsch der Welt. Le quattro battaglie di Cassino, 1944*, Bergamo 2018).

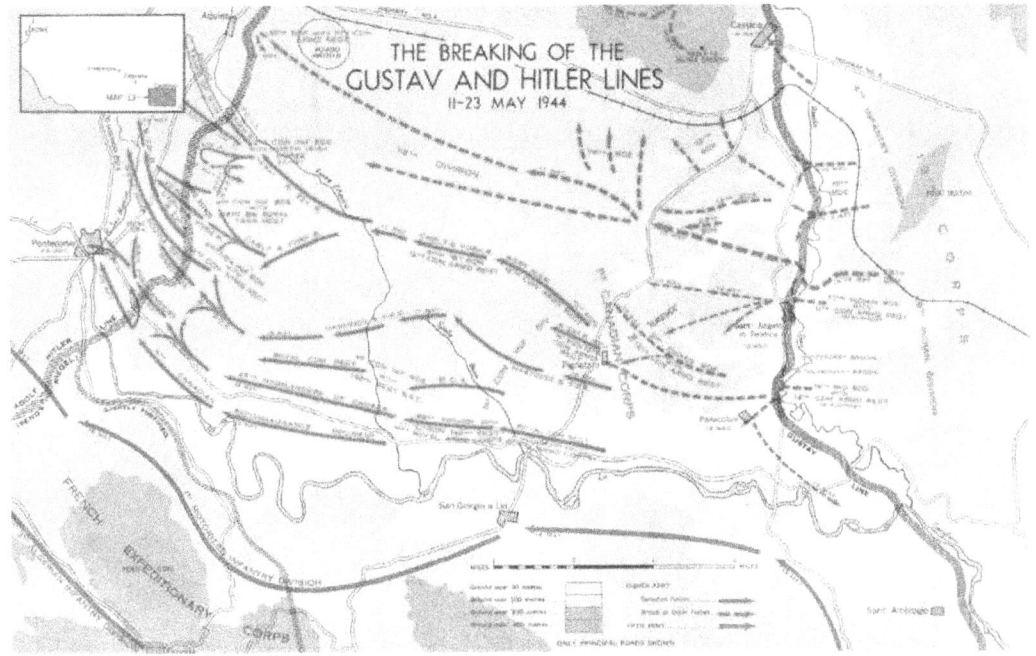

**Lo sfondamento delle linee *Gustav* e *Hitler* (*Dora*), 11- 23 maggio 1944.
(Cartina canadese dell'epoca)**

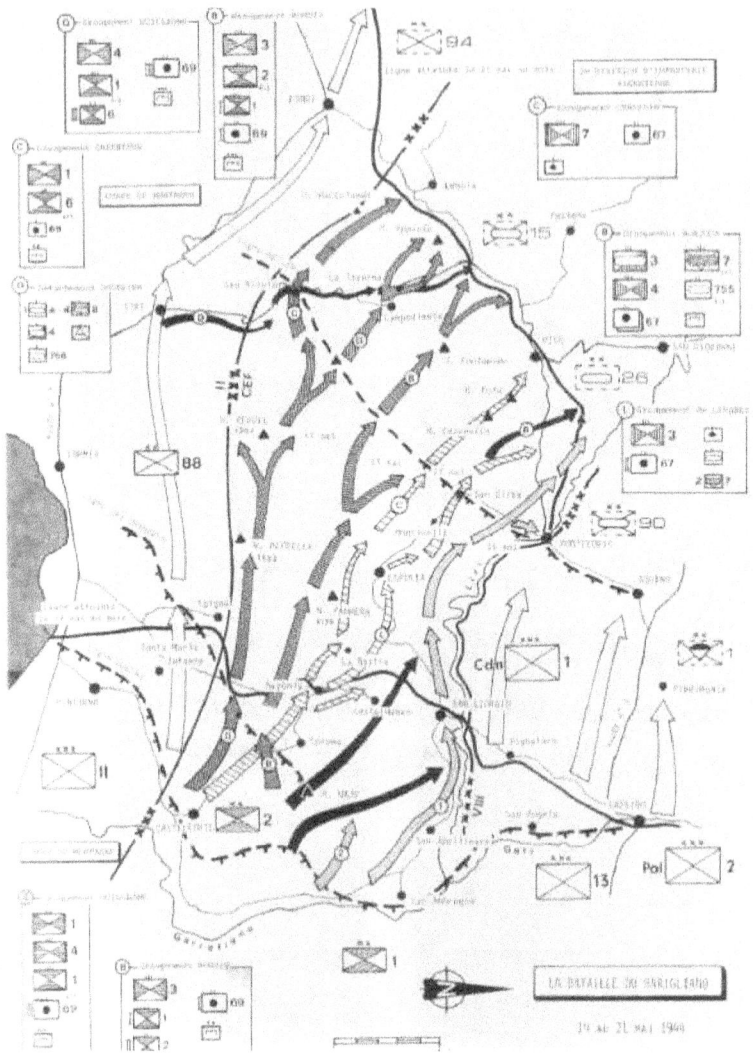

**La battaglia del Garigliano, con l'indicazione dei reparti impegnati
(da Gaujac).**

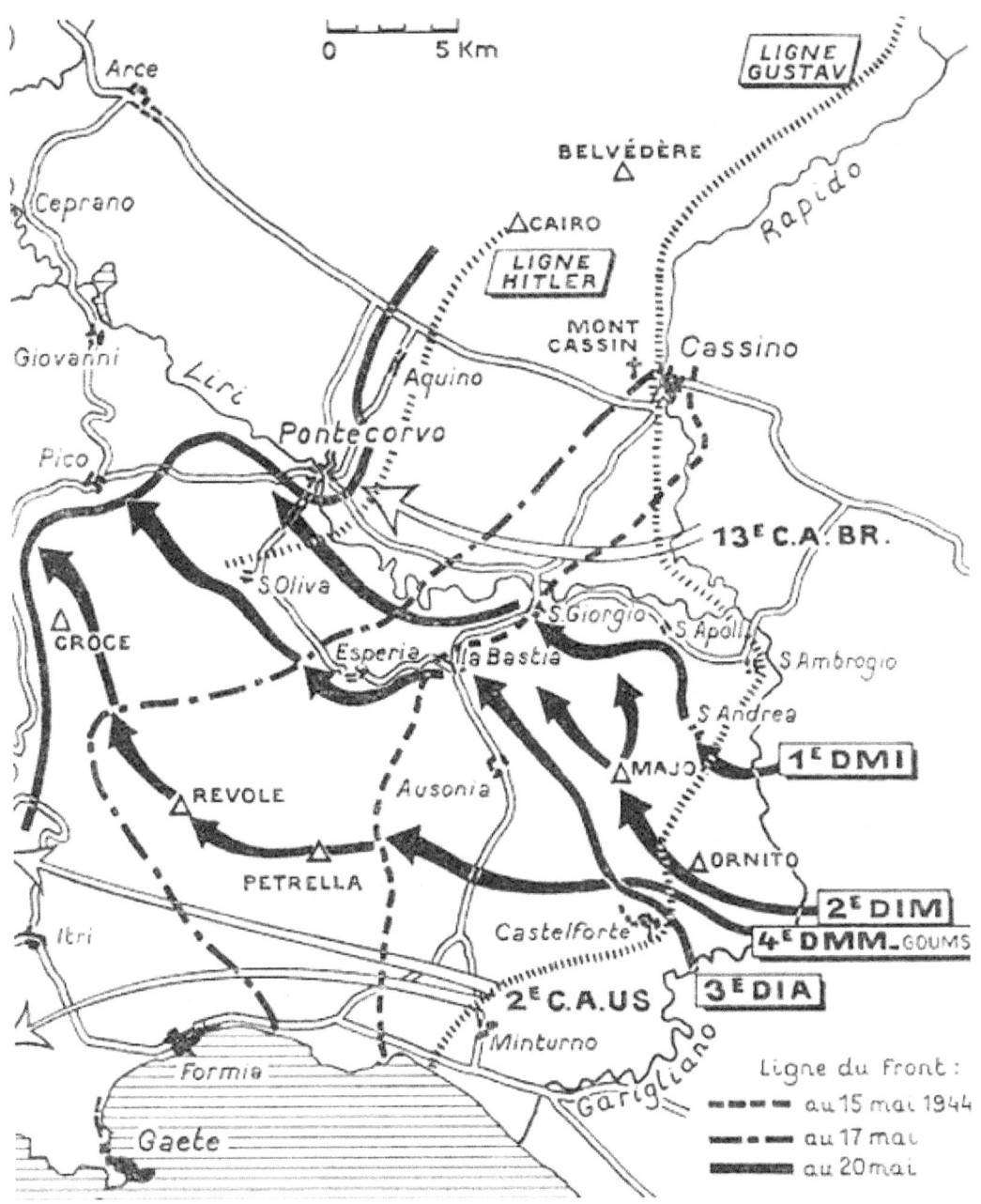

La battaglia del Garigliano e lo sfondamento francese, 11- 23 maggio 1944.
(Cartina francese dell'epoca)

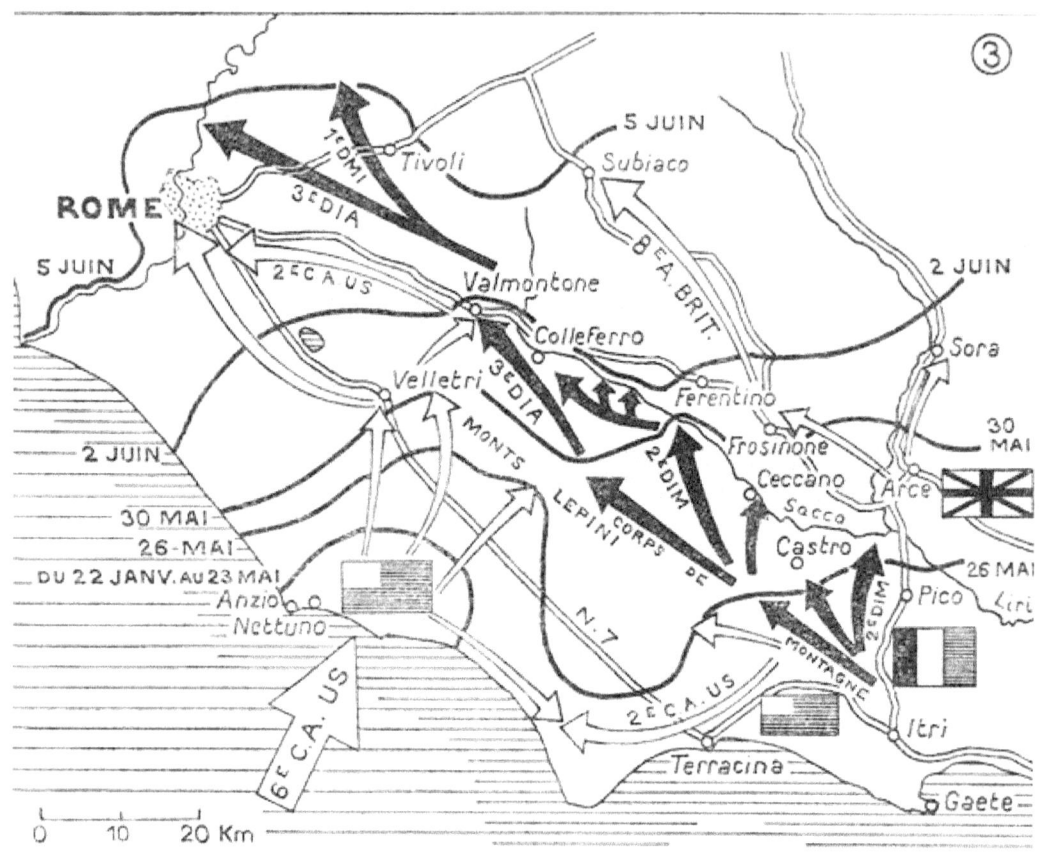

L'avanzata del CEF verso Roma.
(Cartina francese dell'epoca)

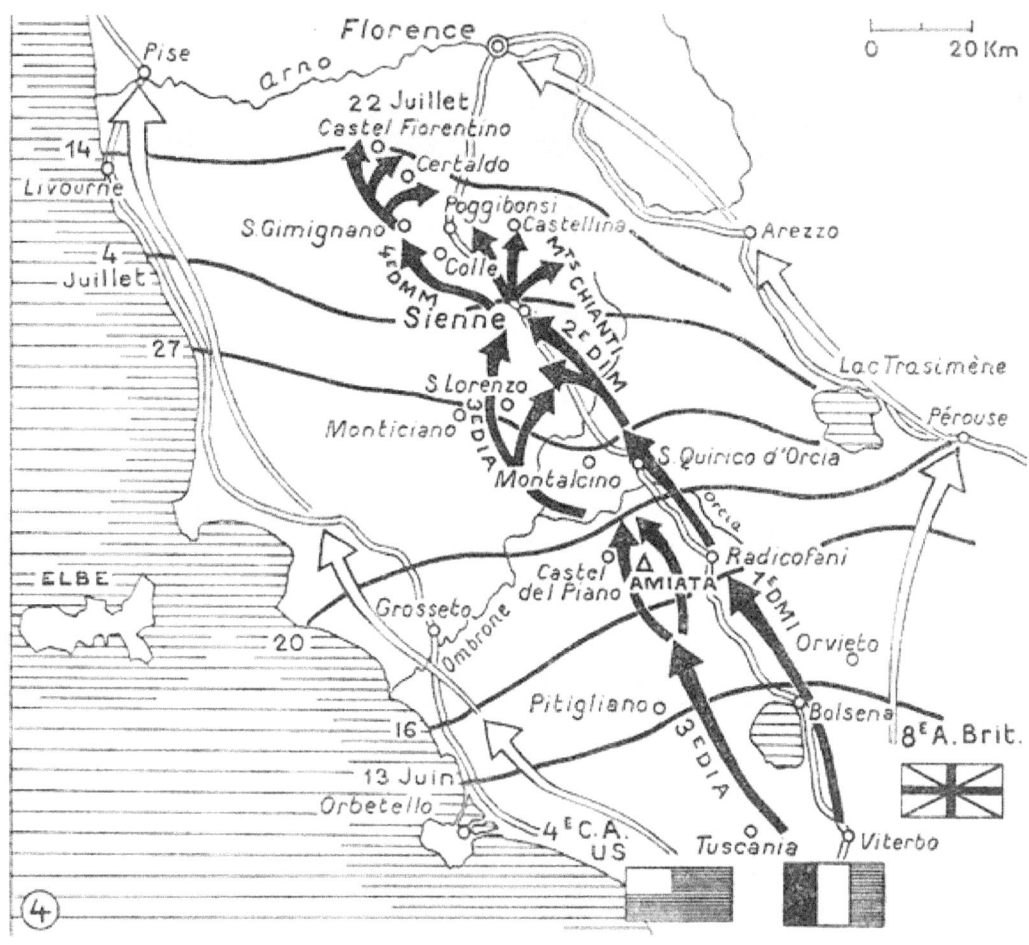

L'avanzata del CEF verso Siena, giugno luglio 1944.
(Cartina francese dell'epoca)

Il generale Alphonse Juin in Italia, 1944.

Il comandante del GTM, generale Augustin Guillaume

Goumiers in parata, Marocco 1941.
I fucilieri sono equipaggiati con il Mousqueton Berthier M 1892.

Particolare dei *goumiers* equipaggiati con il *Fusil- Mitrailleur* FM 24/29.

Ufficiali e sottufficiali francesi di un *Goum marocain*.
Ogni *Goum* comprendeva un capitano, un tenente e dodici sottufficiali na-
zionali.

Due cucinieri preparano il rancio. Il *goumier* sulla destra mostra la caratteristica acconciatura berbera, con i capelli rasati tranne per una treccia, detta *guettaia*.

Un *goumier* mentre affila la sua sciabola- baionetta mod. 1892 prima di un assalto, Mistretta (Sicilia), 30 luglio 1943.
Indossa la *djellaba*, un elmetto *Adrian* M.le 1926, cartucciere americane e un Mousqueton Berthier M 1892.

.

Orano, novembre 1943: imbarco di reparti del CEF per il fronte italiano.

Orano, novembre 1943: imbarco del 2^e GTM.

Un *Goum* in sfilata.

Postazione di *goumiers* su Monte Castelnuovo, di fronte a Monte Morrone.

Goumiers sulle Mainarde, fine 1943; entrambi sono armati di Lebel 1886 M 93 ed equipaggiati con buffetteria statunitensi.
A causa del clima invernale i *naail* sono stati sostituiti da scarponi.

Gennaio 1944. *Goumiers* a Castel San Vincenzo.

Castel San Vincenzo, 22 gennaio 1944: il prossimo rancio dei *goums*.

Costa San Pietro, 1944.
Un *goumier* aiuta un commilitone ferito a raggiungere le retrovie.

Febbraio 1944. *Tirailleurs marocains* della 2[e] DIM a Viticuso. Il fatto che i regolari portassero la *cheche* al posto della bustina ha portato spesso a confonderli con i *goumiers* ed ad attribuire a questi ultimi anche le violenze commesse da altri reparti.

Italia 1944. *Goumiers* **con i propri ufficiali.**

Ufficiali francesi e *goumiers*.
Anche il personale metropolitano indossava la *djellaba***; i vecchi ufficiali coloniali continuavano a portare i pantaloni alla cavallerizza e gli stivali al posto degli scarponi.**

Goumiers intabarratsulle montagne molisane.
Sulla sinistra un sottufficiale francese.

In un accampamento, un *goumier* scherza con un *tirailleur marocain*; si noti la divisa di tipo statunitense di quest'ultimo, e la *cheche* portata al posto della bustina.

Goumiers attorno ad un fuoco da campo sulle Mainarde, inverno 1944

Un *goum* con una capretta usata per il latte e la carne, probabile frutto di uno degli innumerevoli prelevamenti effettuati dai marocchini

Gli stessi due *goumiers* da una diversa angolazione.

Goumiers vestiti con la *djellaba*, i *serual*, le *tariouines* (calze senza piede) e i sandali (*naail*), in testa portano il *khiout*.
L'armamento è costituito da Mousqueton Berthier M 1892.

Un momento di pausa per un mulattiere

Un accampamento di *goumiers*

Venafro, inverno 1944: *goumiers* **con prostitute marocchine.**

Mort pour la France.

Due *goumiers* rendono omaggio alla tomba di un loro sottufficiale francese in un cimitero del Molise, 1944. La data di morte, marzo 1944, indica che il sottufficiale è caduto sulle Mainarde.. La differente forma delle croci sembra indicare il reparto di appartenenza.

Alcuni *goumiers* in Italia, 1944. Si noti l'elmetto statunitense M 1917, so-prannominato *plat à barbe*, s*codella da barba*, indossato sopra la *cheche*.

Un gruppo di *goumiers* nelle retrovie del fronte.

Goumiers in prima linea, 1944

Fotografia aerea della zona del Garigliano, aprile 1944.

**Mortaisti con un mortaio *Brandt* da 60mm.
Ogni *Goum* ne aveva uno in dotazione.**

Esercitazione di tiro sotto il controllo di un ufficiale francese.

Mortaio da 60mm dell' 11ᵉ *Tabor*.
L'11ᵉ *Tabor* **era inquadrato nel 4ᵉ** *Groupe de Tabors Marocains*.

Ancora una foto dello stesso mortaio da 60mm.

Prima del combattimento. Un *goumier* armato di Garand M1.

Un *goumier* forse appartenente al 4ᵉ GTM fotografato da Robert Capa sul fronte della *Gustav*, 1944.

Maggio 1944. *Goumiers* **armati di mitragliatrice M1919** *Browning*.

Zidouh 'l gouddem!
Assalto alla baionetta di un *Goum*, primavera del 1944 (da *Life*)

Maggio 1944. Prigionieri tedeschi catturati dai *goumiers*. La foto è stata scattata probabilmente nei dintorni di Castelforte.

Dopo lo sfondamento della linea *Gustav*, alcuni *goumiers* osservano il panorama del basso Lazio dalle linee tedesche conquistate.

Vallecorsa, maggio 1944. Un reparto di *goumiers* con un carro M3 *Stuart* del 4ᵉ *Regiment de Spahis Marocains*

"*Ma ciò che soprattutto distingue il* **goumier** *dagli altri soldati, sulle strade d'Europa, sono gli ovini, i loro eteni ovini che portano legati con una corda lungo la colonna, o tra le loro braccia quando sono a dorso di mulo!*" (J.C. Notin)

Dopo lo sfondamento della *Gustav*: *goumiers* in avanzata, con alcune pecore sottratte alla popolazione civile.
Sullo sfondo un veicolo tedesco abbandonato.

Il *fanion* dello stesso *Goum*. Si notino le ghette del sottufficiale francese primo da sinistra.

Maggio 1944. I *goumiers* attraversano un corso d'acqua nel Basso Lazio.

Un *goumier* armato di mitra Thompson A1b.
Si tratta chiaramente di una fotografia posata per la propaganda. i *Goums* non ebbero in dotazioni armi automatiche sino allo sbarco in Provenza.

Soldati algerini della 3^e *Division d'infanterie algerienne*, monte Belvedere, gennaio 1944.
Si notino la divisa e l'equipaggiamento di provenienza franco- statunitense, totalmente diversi dalla *djellaba* e dal *bournus* dei *Goums* irregolari.
Gli stupri di Esperia, spesso attribuiti ai *goumiers* marocchini, sono probabilmente opera degli algerini; nessun *goumier* era presente nella cittadina laziale, conquistata dalla 3e DIA e dalla 1er DMI.

Soldati della 2ᵉ *Division d'Infanterie Marocaine* verso il fronte, 11 maggio 1944. Le unità regolari marocchine, a differenza dei *goumiers*, indossavano la divisa.

The Fammera escarpment (on the left) towers over the town of Ausonia.

14 maggio 1944. Un *Tank Destoyer* **M10 del 4^e** *escadron,* **7^e** *Chasseurs d'Afrique* **ad Ausonia.**

TD-M10 del 2ᵉ *escadron* **del 7ᵉ RCA a Castelforte, maggio 1944. Gli** *Chasseurs d'Afrique*, **in gran parte francesi d'Algeria provenienti dai** *Chantiers de la Jeunesse* **petainisti, si resero colpevoli di stupri ad Esperia e nel Grossetano.**

I generali de Monsabert, Juin e de Lattre de Tassigny, maggio 1944.

Roma, Villa Medici, giugno 1944. Charles de Gaulle passa in rassegna i legionari della 13e *Demi-Brigade de la Legion Etrangére*. In visita al fronte italiano, De Gaulle venne informato degli stupri opera dei reparti del CEF, commentando *Ce sont des primitifs!* ma negando la commissione d'inchiesta reclamata da Guillaume.

Tirailleurs marocchini della 2ᵉ DIM occupano Siena il 3 luglio 1944. Anche nel Senese si ebbero numerosi casi di stupri e violenze contro i civili.

Un sottufficiale francese vestito con la *djellaba* regge il *fanion* di un *Tabor* (forse il 6ᵉ), si notino la coda di cavallo di tipo turco dell'insegna (i *Tabor*s non avevano la bandiera tricolore: la prima verrà consegnata da De Gaulle nel 1945) e la *croix de guerre* al petto del *goum*ier sulla destra.

Fanion del 1er GTM decorato con la *croix de guerre*.
Si notino gli onori di battaglia: *Tunisie 1943, Rome 1944, Sienne 1944*.

la stele in memoria dei Caduti francesi distrutta a Pontecorvo nel 2018.
Il monumento detto la *Stele della vergogna* commemorava i 175 Caduti sepolti nel dismesso cimitero di q.101, nessuno dei quali marocchino.

INNODIA DEL CEF E DEL GTM.

Praticamente sconosciuti in Italia, le canzoni cantate dai *Tabors* e dalle altre unità del CEF sono profondamente indicative della mentalità dei combattenti francesi, e direi di tutto il colonialismo d'oltralpe: si va dalla ferocia del *Chant des* Tabors, esaltante le razzie e la guerra (*Nous défendrons nos chefs, nos terres /Et notre droit à la guerre*), all'esaltazione della campagna dei *goumiers* (con un preciso accenno agli stupri: *Des baisers des belles romaines/ Petit* goumier*, te souviens-tu?*) sino alla retorica imperiale del *Chant de la Cavalerie d'Afrique* sino alla curiosa mescolanza tra cattolicesimo, islam e retorica nazionalista della *Priere pour nos freres musulmans*, che riesce ad inserire anche le crociate e la memoria della vittoria di Carlo Martello a Poitiers, oltre a *chant des tradition* come l'inno dei *Tirailleurs* e a *Les Africains*, divenuto l'inno del CEF prima e dell'Algeria francese poi. Si tratta dunque di documenti assai importanti per la comprensione della mentalità che animava sia i combattenti nordafricani che i loro ufficiali.

LE CHANT DES *TABORS*:

Et demain nous saurons tuer
Les pourceaux qu'Allah a jetés
Sur la terre pour faire admirer
Les *Tabors* et les *goumiers*.

II

Nous sommes seuls (bis)
Pour défendre nos défilés.
Nous ne croyons qu'en la chanson
De nos couteaux prêts à tuer.
Nous ne croyons qu'en nos razzias
Sur les *meskines* et les *mehallas*.

III

Et demain au lever du jour,
Quittant la vallée du Missour,
Nous suivrons notre Moulouyia

Jusqu'à nos fortins de Tadla.

IV

Nous sommes les rois du *djébel*,
Les guerriers Ait-Tserrouchen.
Nous défendrons nos chefs, nos terres
Et notre droit à la guerre.

**Francobollo commemorativo francese del 1969 sui combattimenti del CEF.
Si noti il *goumier* vestito con l'inconfondibile *djellaba* in secondo piano.**

LE CHANT DES *GOUMIERS*.

Zidou l'goudem, Zidou l'goudem
Écoutez le chant des *Tabors*.
Marchez toujours, marchez quand même
Jusqu'à la fin, jusqu'à la mort
Tout en hurlant "*Zidou l'goudem* !"
C'est la dure loi du *Tabor*.

Refrain

Regardez les *goums* qui passent
L'œil brûlant comme des loups.
Quoi qu'on dise, ou quoi qu'on fasse
Il faut bien compter sur nous.
Hannibal et sa légende
Ne sont plus qu'un bruit très lointain.
Nous avons promené nos bandes
De l'Atlas par-delà le Rhin
Dans les rangs des GTM.
A l'appel du grand Auroch,
Retentit "*Zidou l'goudem* !"
Pour la France ! Pour le Maroc !

II

Vêtus de nos robes de laine,
Nous avons laissé nos troupeaux,
Notre montagne ou notre plaine
Pour ne connaître qu'un drapeau,
C'est le fanion d'un capitaine.
Notre destin est le plus beau.

III

Rappelle-toi la Tunisie
Au temps de nos premiers assauts,
Rappelle-toi la frénésie
Qui s'empara de notre peau
Lorsqu'au Zaghanan - adieu la vie.

Nous nous battîmes au couteau.

IV

Sur le sol de la voie Appienne,
Nous avons traîné nos pieds nus.
Puis ce fut la course vers Sienne
L'ennemi fuyait éperdu.
Des baisers des belles romaines
Petit *goumier*, te souviens-tu ?

V

Le beau 15 Août, ce fut la France
Qui nous reçut, les bras tendus,
Nous apportant la récompense
Du bonheur enfin revenu.
Marseille et toute la Provence
Ont chanté quand ils nous ont vu.

VI

Coureurs de *bled*, coureurs d'espace,
Bien serrés dans nos *djellabas*,
Il fallut poursuivre la chasse.
Pendant l'hiver ô sombres mois
Mais nous entrâmes en Alsace
Teintant de rouge le verglas.

VII

Après le Rhin, la Forêt Noire,
Nous vit surgir tels des démons.
On se ruait vers la victoire.
Par un soir d'avril, nous plantions,
Ah ! Le beau soir d'or de gloire,
Dans le Danube nos fanions.

VIII

On chantera, la chose est sûre,
Pendant 100 ans et beaucoup plus,
Les exploits et les aventures

De ceux qui se sont tant battus.
Goumier à la robe de bure,
Tu peux rentrer dans ta tribu.

Spartito del dopoguerra di *Les Africains*, dedicato al gen. Goislard de Monsabert, comandante della 3ᵉ DIA nel 1944.

Il *goumier*, insieme al *tirailleur* algerino ed al *chasseur d'Afrique* francese, è divenuto ormai il simbolo delle truppe coloniali francesi del Nord Africa che hanno combattuto in Italia.

Les Africains nacque come inno dei *Tirailleus marocains*, per diffondersi poi a tutte le unità coloniali, e diventare, negli anni '60, l'inno dei coloni francesi contrari all'indipendenza dell'Algeria.

LES AFRICAINS.
(Chant de guerre des Africains)

I

Nous étions au fond de l'Afrique
Gardiens jaloux de nos couleurs,
Quand sous un soleil magnifique
A retenti ce cri vainqueur
En avant ! En avant ! En avant !

Refrain

C'est nous les Africains[130]
Qui revenons de loin
Nous venons des colonies
Pour sauver la Patrie
Nous avons tout quitté
Parents, *gourbis*, foyers
Et nous avons au cœur
Une invincible ardeur
Car nous voulons porter haut et fier
Le beau drapeau de notre France entière
Et si quelqu'un venait à y toucher
Nous serions là pour mourir à ses pieds
Battez tambours, à nos amours
Pour le pays, pour la Patrie
Mourir au loin
C'est nous les Africains !

II

Pour le salut de notre empire
Nous combattons tous les vautours
La faim, la mort nous font sourire
Quand nous luttons pour nos amours
En avant ! En avant ! En avant !

III

---

[130]Fino al 1940, *c'est nous les Marocains qui revenons de loin*.

De tous les horizons de France
Groupés sur le sol africain
Nous venons pour la délivrance
Qui par nous se fera demain
En avant ! En avant ! En avant !

IV

Et lorsque finira la guerre
Nous reviendrons dans nos *gourbis* ;
Le cœur joyeux et l'âme fière
D'avoir libéré le pays
En criant, en chantant : en avant !

PRIÈRE POUR NOS FRÈRES MUSULMANS:

testo del generale Georges HUBERT
già comandante del 15e *Tabor Marocain*

Nous venons vous prier, Seigneur, pour des morts de l'Islam.
Ils étaient fils de ceux qui se sont tant battus, jadis,
De Charles Martel et Monseigneur Godefroy.
Le désert de Palestine se souvient encore
De I' envol des escadrons sous un soleil de feu.
Du choc des armures et du râle des hommes mourant illumines
Par l'ardeur du combat ou I' ivresse de la lutte.
Le sable a bu le sang des vieilles hécatombes
Et les moissons ondulent dans la plaine de Poitiers.
Et voici qu'un jour, Notre-Dame de la Garde.
Vous dont le visage se tourne vers la terre d'Afrique.
Vous avez vu surgir à I' horizon de la mer,
Par les routes Ataviques.
L'escadre innombrables des nouveaux Croisés
Qui accouraient combattre I'hérésie nouvelle.
Les fils des Barbaresques sont morts pour que s'efface,
Des flancs pierreux de votre colline.
Jusqu'a la trace de la lèpre brune;
Et les Fils de France qui les menaient à la bataille
Ont, à votre bénédiction, Humblement incliné leurs fanions victorieux.
Ils sont venus, Seigneur, des rives sarrasines
De votre méditerranée chrétienne.
Combien d'entre eux sont morts sur les routes de France,
Des cyprès de Provence jusqu'aux neiges du Rhin,
Si loin de cette terre où leur cœur était resté
Si loin des tentes noires et des ksour fauves.
De la montagne bleue et des oliviers tordus,
Du doux bruissement des palmes sous la brise du sud
Et de l'âpre chanson du vent.
Dans les branches puissantes des cèdres argentés.
Remplis du souvenir d'une lumière unique.
Leurs yeux se sont fermés aux brumes d'Occident.
Certes ils n'ont point admis la loi qui est la nôtre,
Mais ô merveille de charité !
Ils ont fait au pays chrétien I'offrande de leur simple vie

Et, lorsqu'un sort compatissant les libérait pour quelques heures
De la boue et du froid et de leur immense fatigue,
Du grondement des chars et du tonnerre des canons
Et de la hantise de la mort.
Ils nous accompagnaient d'un regard fraternel
Jusqu'a la porte de vos sanctuaires
Où nous allions vous supplier pour nous mêmes et pour eux.
Seigneur, dans votre infinie bonté,
Malgré notre orgueil et nos défaillances,
Si vous nous faites à la fin de nos épreuves
La grâce de votre béatitude éternelle,
Permettez que les durs guerriers de Berbérie,
Qui ont libéré nos foyers et apporté à nos enfants
Le réconfort de leur sourire
Se tiennent auprès de nous, épaule contre épaule,
Comme ils étaient naguère sur la ligne de bataille
Et que, dans la Paix ineffable de votre Paradis, Ils sachent.
O qu'ils sachent Seigneur
Combien nous les avons aimés!

MARCHE DES TIRAILLEURS[131]

I

Six canons balayaient la plaine
Crachant la mort sur nos lignards
"Mes enfants", dit le Capitaine
"Faites moi taire ces braillards"
Cette réplique étant très nette
Les *turcos* froncent les sourcils
Et puis au bout de leurs fusils
Ils ajustent leurs baïonnettes.

Les turcos, *les* turcos *sont de bons enfants*
Les turcos, *les* turcos *sont de bons enfants*
Mais il ne faut pas qu'on les gêne
Sans cela la chose est certaine
Les turcos *deviennent méchants*
Ça n'empêche pas le sentiments
Les turcos, *les* turcos *sont de bons enfants!*

II

Les *turcos* sont au moins cinquante
Et ces héros sont beaux à voir
En mourant leur bouche plaisante
Les *turcos* sont des français noirs
Ils sautent dans l'herbe sanglante
Allah! Ils grimpent à l'assaut
Et quand ils arrivent en haut
Les *turcos* ne sont plus que trente.

Les turcos, *les* turcos *sont de bons enfants*
Les turcos, *les* turcos *sont de bons enfants*
Mais il ne faut pas qu'on les gêne
Sans cela la chose est certaine
Les turcos *deviennent méchants*

---

[131]La canzone fa riferimento ad un episodio della battaglia di Woerth-Froeschwiller , nell'agosto 1870, quando i *tirailleurs* algerini del 2e RTA caricarono alla baionetta l'artiglieria prussiana; restarono in vita solamente quattro *turcos*, ma i cannoni vennero tutti catturati. Nessun artigliere prussiano sopravvisse.

Ça n'empêche pas le sentiments
Les turcos, *les* turcos *sont de bons enfants!*

III

Alors sans tambours ni trompettes
On voit bondir nos tirailleurs
En un moment la place est nette
Il ne reste plus d'artilleurs
Et quand ils cessent de se battre
Les six canons se trouvent pris
Mais eux tous sanglants et meurtris
Les *turcos* ne sont plus que quatre.

Les turcos, *les* turcos *sont de bons enfants*
Les turcos, *les* turcos *sont de bons enfants*
Mais il ne faut pas qu'on les gêne
Sans cela la chose est certaine
Les turcos deviennent méchants
Ça n'empêche pas le sentiments
Les turcos, *les* turcos *sont de bons enfants!*

LA CAVALERIE D'AFRIQUE

(Sull'aria della *Marcia Trionfale* dell'*Aida* di Verdi[132])

C'est nous (bis) les descendants des régiments d'Afrique,
Les chasseurs, les *spahis*, les *goumiers*.
Et les *goumiers*!
Gardiens (bis) et défenseurs d'empires magnifiques,
Sous l'ardent soleil, chevauchant, sans répit, leurs fiers coursiers.

Toujours prêts à servir, à vaincre ou à mourir,
Nos coeurs se sont unis, pour la Patrie.

Trompettes (bis) au garde-à-vous sonnez, sonnez à l'étendard,
Et que fièrement dans le ciel montent nos trois couleurs.
Nos trois couleurs!
Le souffle (bis) de la France anime la fanfare,
Et met à chacun un peu d'air du pays au fond du coeur.

C'est notre volonté, de vaincre ou de lutter,
De consacrer nos vies à la Patrie.

La piste (bis) est difficile et toujours nous appelle.
Par les monts pelés de Taza, de Ksar Souk, de Midelt.
Et de Midelt!
L'élan (bis) de Bournazel vers le Tafilalet,
Sur les Ksour alliés plantera fièrement nos trois couleurs.

Ensemble (bis) nous referons gaiement flotter nos étendards,
Et suivrons partout hardiment l'éclat des trois couleurs.
Ensemble (bis) nous reprendrons demain le chemin du départ,
Et pour le pays, serons prêts à lutter sans nulle peur.

Soldats, (bis) toujours devant, toujours la tête haute,
Nous serons présents sous la pluie, dans le vent, en avant !

---

[132]Come annaota il sito della *Federation Nationale des Combattantes Volontaires*, questo canto, nato alla fine del XIX secolo, *durant la deuxième guerre mondiale et la campagne d'Italie, ce chant et cet air accompagnèrent les régiments d'Afrique qui se distinguèrent, notamment lors des farouches combats du Garigliano et de Monte Cassino.* ciò che spiega la menzione dei *goumiers*. (https://www.fncv.com/biblio/musiques/arme_blindee_cavalerie/cavalerie_afrique/index.html)

L'ennemi (bis) nous trouvera le coeur plein de courage,
Et dans ce combat glorieux, revivront tous nos héros.

Pubblicazione di propaganda francese per ragazzi del 1947 che esalta i *goumiers* nella campagna d'Italia; la copertina li presenta come cavalieri che travolgono le linee tedesche armati di scimitarra! In realtà sul fronte italiano non erano presenti GMM, formati da fanteria e cavalleria, ma solo reparti appiedati.

BIBLIOGRAFIA

J. Augarde, *Tabors*, Paris, 1959.

J. Augarde, *La longue route des Tabors*, Paris, 1983.

T. Baris, "Montecassino 1944, scatenate i marocchini", *Millenovecento*, n. 14, dicembre 2003.

T. Baris, *Tra due fuochi. Esperienza e memoria della guerra lungo la linea Gustav*, Roma- Bari, 2004.

T. Baris, "Le corps expéditionnaire français en Italie: violences des « libérateurs » durant l'été 1944", *Vingtième Siècle, Revue d'histoire*, 2007/1 (n° 93).

R. Belkacem, *Les combattants marocains dans l'Armée Française 1939- 1945*, Bordeaux, s.d.

E. L. Bimberg, *The Moroccan Goums, Tribal warriors in modern wars*, London, 1999.

R. Böhmler, *Monte Cassino*, tr. it. Roma, 1979.

H. L. Bond, *Inferno a Cassino - La battaglia per Roma*, tr. it. Milano, 1994.

F. Borsato, *La strada per Roma*, Roma, 2009.

F. Carloni, *Il corpo di spedizione francese in Italia*, Milano, 2006.

S. Catallo, *le marocchinate*, Roma, 2015.

L. Cavallaro, *Cassino: le battaglie per la Linea Gustav, 12 gennaio-18 maggio 1944*, Milano, 2004.

R. Chambe, *L'épopée française d'Italie, 1944*, Paris, 1952.

E. Ciotti, *"Le marocchinate", cronache di uno stupro di massa*, s.i.l., 2018.

M. Clark, *Calculated Risk*, New York, 1950.

G. Coluzzi (ed.), *Ceccano e la guerra 1944- 2014*, Ceccano, 2014.

G. Di Fiore, *Controstoria della Liberazione: Le stragi e i crimini dimenticati degli Alleati nell'Italia del Sud*, Milano, 2012.

F. Fasanotti Saini, *La gioia violata. Crimini contro gli italiani 1940-1946* , Torino, 2004.

K. Ford, *Cassino 1944. Breaking the Gustav Line*, Oxford, 2004.

L. Garibaldi, *Gli eroi di Montecassino*, Milano, 2013.

J. Gaujac, *L'armée de la victoire: De Naples à l'île d'Elbe, 1943-44*, Paris, 1985.

J. Gaujac, *Le corps expéditionnaire français en Italie*, Paris, 2003.

Col. Goutard, *Le Corps expéditionnaire français dans la campagne d'Italie: 1943-1944*, Paris 1947.

P. Grunberg, *"L'armée d'Italie a perdu la bataille de la mémoire"*: Interwiew de Julie Le Gac", *Guerres & Histoire*, décembre 2013.

A. Guillaume, *Homme de guerre*, Paris, 1977.

F. Harymbat, *Les Européens d'Afrique du Nord dans les armées de la libération française, 1942-1945*, Paris, 2014.

J. Heurgon, *La Victoire sous le sign des Trois Croissant*, Alger, 1946.

P. Ichach, *Nous marchons vers la France. Les campagnes de libération de la Première Armée française, de la Tunisie aux Vosges, de 1942 à 1945*, Paris, 1954.

W.G.F. Jackson, *La battaglia di Roma*, tr. it. Milano, 1977.

C. Jadecola, *Linea Gustav*, Sora, 1994.

A. Juin, *Mémoires,* I, Paris, 1959.

A. Juin, *La Campagne d'Italie*, Paris 1962.

P. Kuwert, H. Freyberger, "The unspoken secret: Sexual violence in World War II", in *International Psychogeriatrics*, vol. 19, n° 4, 2007

R. Lamb, *War in Italy 1943-45*, London, 1993.

J. Lapouge, *De Sétif à Marseille, par Cassino: Carnets de guerre de Jean Lapouge, sous-lieutenant au 7ᵉ RTA*, Paris, 2006.

J. Le Gac, *Vaincre sans gloire - le corps expéditionnaire français en Italie*, Paris, 2013.

P. Le Goyet, *La participation française à la campagne d'Italie*, Paris, 1969.

P. Le Goyet, *La Campagne d'Italie 1943-1945-une victoire quasi inutile*, Paris, 1985.

J. Leygat, *Ziddou l'Gouddham!*, Paris, 2007.

F. Lescel, "*Goumiers, goums, tabors* ", *Farac-Info*, n . 366, mars 2002.

C. Levisse-Touzé, *L'Afrique du Nord dans la guerre, 1939- 1945*, Paris, 1998.

D. Lormier, *C'est nous les Africains,* Paris, 2006.

M. Lucioli, D. Sabatini, *La ciociara e le altre. Il corpo di spedizione francese in Italia 1943-1944*, Monteporzio, 1998.

P. Lyautey, *La campagne d'Italie 1944. Souvenirs d'un goumier*, Paris, 1945.

D. Maghraoui, *Moroccan colonial troops: history, memory and the culture of French colonialism*, Santa Cruz, 2000.

M. Marzilli, *1943-1944: La Linea Gustav: la guerra in Abruzzo e Molise*, Chieti, 2005.

M. Marzilli, M. Lottici, *Cassino '44 - Immagini della memoria,* Latina, 2000.

M. Marzilli, M. Lottici, *Cassino ieri e oggi - Dalla linea Gustav alla linea Hitler,* Roma, 2007.

Ministère de la Défense, Etat-Major de l'Armée de terre, Service Historique. *Inventaire de la sous- série 3 H Goums (1906-1958)*, par X. Guénot, R. Brocart, Château de Vincennes, 1996.

A. Moretti, *Italia martire, Sacrificio di un popolo*, Associazione Nazionale Vittime civili di Guerra, Roma, 1965

E. Morris, *La guerra inutile. La campagna d'Italia 1943-45*, tr. it. Milano, 1993.

W. Nardini, *Cassino fino all'ultimo uomo*, Milano, 1975.

J.C. Notin, *La campagne d'Italie. Les victoires oubliées de la France (1943-1945)*, Paris, 2010.

J.C. Notin, *Maréchal Juin*, Paris, 2015.

G. Oneto, *Radicofani 1944, le courage d'oser*, Prato, 2014.

S. Paolucci, "Sulle 'marocchinate' ai Castelli: una correzione e due ritrovamenti", *Castelli Romani*, LIII, n. 6, novembre-dicembre 2013

E. Patriarca, *La colpa dei vincitori. Viaggio nei crimini dell'esercito di Liberazione*, tr.it. Casale Monferrato, 2018.

M. Patricelli, *Il nemico in casa. Storia dell'Italia occupata 1943-45*, Roma-Bari, 2014.

M. Picone Chiodo, *In nome della resa. L'Italia nella seconda guerra mondiale (1940-1945)*, Milano, 1990.

E. Pistilli, *La battaglia di Cassino giorno per giorno (10 settembre 1943- 4 giugno 1944)*, Cassino, 1999.

J. Plowman, *The Battles for Monte Cassino Then and Now*, London, 2011.

J. Pujo, *Juin, maréchal de France*, Paris, 1988.

J. P. Riera,C. Touron, *Ana! Frères d'armes marocains dans les deux guerres mondiales*, Casablanca, 2016.

P. Romeo di Colloredo, *Am Arsch der Welt. Le quattro battaglie di Cassino,1944*, Bergamo, 2018.

P. Romeo di Colloredo, *Südfront. Il Feldmaresciallo Albert Kesselring nella Campagna d'Italia 1943- 1945*, Genova, 2018).

G. Ronchetti, A. M. Ferrara, *La linea Gustav. i luoghi delle battaglie da Ortona a Cassino*, Fidenza, 2014.

Y. Salkin, J. Morineau, *Histoire des Goums marocains* (tome 2), *La Seconde Guerre mondiale et l'après-guerre (1934-1956)*, Paris, 1987.

B. Simou, F. Garan, T. Dubois, D. Berbain, *Frères d'armes, mémoire marocaine d'une histoire partagée*, Paris, 1999.

G. Spillmann, *Souvenirs d'un colonialiste,* Paris, 1968.

J. Vaugien, J. Albouy, *Carnets et lettres de guerre. Campagnes d'Italie, de Provence et des Vosges (janvier-novembre 1944), édités par Gauthier Langlois*, Paris, 2015.

SITOGRAFIA

http://www.dalvolturnoacassino.it/asp/n_main.asp

http://www.liberation.fr/societe/2015/05/15/elle-avait-17-ans-et-elle-a-ete-violee-par-40-soldats_1310075

http://www.difesaonline.it/news-forze-armate/storia/la-battaglia-di-cassino-dall8-settembre-alla-linea-gustav-23

http://www.cheminsdememoire.gouv.fr/fr/les-francais-dans-la-campagne-ditalie-1943-1944

http://www.instoria.it/home/battaglia_cassino.htm

http://vittimemarocchinate.blogspot.com/

http://www.elbafortificata.it/

http://www.farac.org/php/article.php3?id_article=64

http://bassesurlerupt.ifrance.com/html/commune/goums.htm

http://anorinfanterie.free.fr/Html/H-Goums.htm

http://www.ecpad.fr/ecpa/Pagesdyn/result.asp?dossierID=5

http://cf.geocities.com/ralphdebutler/edon.html

http://www.cheminsdememoire.gouv.fr

http://www.ldh-toulon.net/spip.php?article17

http://www.servicehistorique.sga.defense.gouv.fr

http://www.nadorcity.com

http://indochine54.free.fr

http://viergedelagarde.free.fr

http://paratge.chez-alice.fr

http://www.goum.ovh.org

http://infaf.free.fr

http://perso.orange.fr/felina/doc/tln/nos_liberat.htm

http://pdbgg240.free.fr/index.php?page=goums

http://perso.orange.fr/4dmm/les_goumiers.htm

http://dafina.net/ (forum : Résistances berbères)